本书系江苏省社科基金项目"国家治理现代化视域下检察公益诉讼制度完善研究"(21FXD002)的结项成果。

王春业 著

我国行政公益诉讼
制度优化研究

WOGUO XINGZHENG GONGYI
SUSONG ZHIDU YOUHUA YANJIU

中国政法大学出版社
2023·北京

声　　明	1. 版权所有，侵权必究。
	2. 如有缺页、倒装问题，由出版社负责退换。

图书在版编目（ＣＩＰ）数据

我国行政公益诉讼制度优化研究/王春业著.—北京:中国政法大学出版社,2023.10
　ISBN 978-7-5764-0960-4

　Ⅰ.①我… Ⅱ.①王… Ⅲ.①行政诉讼－司法制度－研究－中国 Ⅳ.①D925.310.4

中国国家版本馆CIP数据核字(2023)第124417号

出　版　者	中国政法大学出版社
地　　　址	北京市海淀区西土城路25号
邮寄地址	北京100088 信箱8034分箱　邮编100088
网　　　址	http://www.cuplpress.com（网络实名：中国政法大学出版社）
电　　　话	010-58908586（编辑部）　58908334（邮购部）
编辑邮箱	zhengfadch@126.com
承　　印	固安华明印业有限公司
开　　本	880mm×1230mm　1/32
印　　张	6.75
字　　数	200千字
版　　次	2023年10月第1版
印　　次	2023年10月第1次印刷
定　　价	49.00元

CONTENTS 目 录

第一章 制度的建立与创新之处 …………………………… 001
一、建立与发展历程 …………………………………… 001
二、行政公益诉讼制度的创新 ………………………… 005
三、行政公益诉讼制度仍存在亟待优化之处 ………… 010

第二章 案件范围拓展 …………………………………… 015
一、行政公益诉讼范围"等外"的理论证成 ………… 016
二、行政公益诉讼范围"等外"的现实趋势 ………… 023
三、为行政公益诉讼范围"等外"的适用创造
　　有利条件 …………………………………………… 027

第三章 诉前程序优化 …………………………………… 031
一、行政公益诉讼诉前程序的制度设计与功能定位 … 031
二、诉前程序的实施现状与制度局限 ………………… 035
三、诉前程序的革新空间与适度司法化的路径选择 … 040
四、诉前程序适度司法化的重构建议 ………………… 046

第四章 调查取证权的赋予 ········· 054
一、公益诉讼中检察机关的调查取证权呈现弱小现象 ······ 054
二、公益诉讼的现实要求检察机关拥有更大的调查取证权力 ········· 058
三、通过多种方式赋予检察机关更大的调查取证权力 ··· 064

第五章 规范性文件附带审查制度构建 ········· 072
一、行政公益诉讼规范性文件附带审查制度的法律缺失 ········· 073
二、构建行政公益诉讼规范性文件附带审查制度的理论证成 ········· 077
三、行政公益诉讼规范性文件附带审查制度构建的内容 ········· 084

第六章 举证责任制度的构建 ········· 092
一、对行政公益诉讼举证责任现实状况审视 ········· 093
二、构建独立的行政公益诉讼举证责任分配规则的理论证成 ········· 100
三、构建行政公益诉讼举证责任分配规则必须考虑的因素 ········· 105
四、行政公益诉讼举证责任分配规则的具体构建 ········· 110

第七章 独立的法律规范构建 ········· 119
一、从实践运行看行政公益诉讼法律规范体系重构的现实迫切性 ········· 119

二、从诉讼类型的性质看行政公益诉讼法律规范体系
　　重构的必要性 ………………………………………… 126
三、重新构建行政公益诉讼法律规范体系的具体内容 … 137
四、行政公益诉讼法律体系构建的立法模式选择 ……… 151

第八章　预防性公益诉讼的构建 ………………………… 155
一、现行行政公益诉讼制度呈现出事后救济的特性 …… 155
二、行政公益诉讼的特殊效用决定必须建立
　　预防性制度 …………………………………………… 160
三、预防性行政公益诉讼制度构建的几点建议 ………… 166

第九章　制度合理定位的再思考 ………………………… 176
一、对行政公益诉讼制度认识的两个不利倾向 ………… 176
二、要对行政公益诉讼制度进行合理定位 ……………… 181
三、构建适合行政公益诉讼合理定位的法律制度 ……… 190

**附　录　最高人民法院、最高人民检察院《关于检察
　　　　　公益诉讼案件适用法律若干问题的解释》
　　　　　(2020 年修正)** ……………………………… 200

第一章
制度的建立与创新之处

一、建立与发展历程

(一) 建立之前的理论研究

在行政公益诉讼制度建立之前，我国就已经有了关于行政公益诉讼的理论研究，代表性成果有：伍玉功的《公益诉讼制度研究》(2006年)，有专门的章节探讨了行政公益诉讼的概念、西方行政公益诉讼制度的考察、我国建立行政公益诉讼的必要性与可行性，并探讨了我国行政公益诉讼的提起主体以及具体制度构建的设想；黄学贤、王太高的《行政公益诉讼研究》(2008年)，以行政公益诉讼为视角，探讨了行政公益诉讼的缘起、相关范畴、法律基础、域外实践，并在此基础上，探讨了行政公益诉讼的原告资格、受案范围、举证责任、判决类型、程序规则等；颜运秋的《公益诉讼法律制度研究》(2008年)，由19篇专题文章组成，按照先总后分的逻辑体系排列，从多角度系统论证了公益诉讼的理论与制度问题；王珂瑾的《行政公益诉讼制度研究》(2009年)，认为行政公益诉讼实质上是对行政行为的一种监督方式，是对传统的公权力制约公权力的发展和完善，并对行政公益诉讼的理论基础、发展现状、制度构建等进行了充分探讨；刘建华的《行政公益诉讼制度研究》（2010年），从行政公益诉讼概述、行政公益诉讼现状、我国行政公益诉讼制度可行性研究、行政公益诉讼的法理基础与价值分析、构建我国行政公益诉讼制度五个方面，探讨了我国设立行政公益诉讼制度的相关问题；项焱的《公益诉讼的理念与实践》（2010年），秉持着"通过个案推动法治"的宗旨，择取涉及政府信息公开、公务员报考资格、公民环境权、反性别歧视及消费者权益保护等国内外典型公益诉讼案件，全面深入地探讨了公益诉讼的内涵、公益案件的选择标准、公益案件的诉讼技巧以及公益诉讼和公共传媒的关系等问题；李新庄的《我国土地行政公益诉讼制度构建研究》（2010年），专门探讨土地保护领域的行政公益诉讼问题，从域外借鉴和基础分析的不同维度，系统论述了构建土地行政公益诉讼制度的相关问题；李湘刚的《和谐社会语境下中国行政公益诉讼制度构建》（2013年），运用多种研究方法，对和谐社会语境下中国行政公益诉讼制度构建问题进行了比较系统的研究，尤其是将中国行政公益诉讼制度构建问题，放在和谐社会语境下去进行认真的思考，进而阐述行政公益诉讼制度的相关问题，等等。

实际上，在我国行政公益诉讼制度建立之前，已有许多理论探讨和制度构建方面的研究成果，这些成果都为我国后来的行政公益诉讼制度的构建提供了理论支撑。但由于当时行政公益诉讼制度在我国尚未付诸实践，上述研究成果主要集中在对构建行政公益诉讼制度的论证方面，而且研究的内容也与当下实践中的新情况、新问题存在较大距离。

（二）制度建立过程

行政公益诉讼的建立过程包括：顶层设计、法律授权、试

第一章 制度的建立与创新之处

点先行、立法保障、全面推进五个阶段。检察机关提起公益诉讼制度改革成为全面深化改革的典型样本，走出了一条具有中国特色的公益司法保护道路。

（1）2014年10月23日，党的十八届四中全会审议通过了中共中央《关于全面推进依法治国若干重大问题的决定》，明确提出："检察机关在履行职责中发现行政机关违法行使职权或者不行使职权的行为，应该督促其纠正。探索建立检察机关提起公益诉讼制度。"当然，这个公益诉讼包括民事公益诉讼与行政公益诉讼。

（2）2015年5月5日，习近平总书记主持召开了中央全面深化改革领导小组第十二次会议，审议通过了《检察机关提起公益诉讼改革试点方案》。规定"检察机关在履行职责中发现生态环境和资源保护、国有资产保护、国有土地使用权出让等领域负有监督管理职责的行政机关违法行使职权或者不作为，造成国家和社会公共利益受到侵害，公民、法人和其他社会组织由于没有直接利害关系，没有也无法提起诉讼的，可以向人民法院提起行政公益诉讼。试点期间，重点是对生态环境和资源保护领域的案件提起行政公益诉讼"。提请全国人大常委会授权。

（3）2015年7月1日，第十二届全国人大常委会第十五次会议通过决定，授权最高人民检察院在北京、内蒙古、吉林、江苏、安徽、福建、山东、湖北、广东、贵州、云南、陕西、甘肃13个省、自治区、直辖市开展试点，就生态环境和资源保护、国有资产保护、国有土地使用权出让、食品药品安全等领域开展为期2年的提起公益诉讼试点。自2015年7月起开展改革试点，试点期限为2年。

在此期间，最高人民检察院相继发布了三个文件：2015年7月2日发布的《检察机关提起公益诉讼改革试点方案》、2015年12月24日发布的《人民检察院提起公益诉讼试点工作实施办法》（现已失效，下同，以下简称《实施办法》）、2016年12月22日发布的《关于深入开展公益诉讼试点工作有关问题的意见》。

最高人民法院2016年2月25日也发布了《人民法院审理人民检察院提起公益诉讼案件试点工作实施办法》（以下简称《试点工作实施办法》）。

（4）2017年5月23日，中央全面深化改革领导小组第三十五次会议通过了《关于检察机关提起公益诉讼试点情况和下一步工作建议的报告》。会议指出，正式建立检察机关提起公益诉讼制度的时机已经成熟，要在总结试点工作的基础上，为检察机关提起公益诉讼提供法律保障。

（5）2017年6月27日，第十二届全国人大常委会第二十八次会议表决通过了关于修改《民事诉讼法》[1]和《行政诉讼法》的决定，"检察机关提起公益诉讼"正式被写入两法。

根据修改后的《行政诉讼法》，检察院在履行职责中发现生态环境和资源保护、食品药品安全、国有财产保护、国有土地使用权出让等领域负有监督管理职责的行政机关违法行使职权或者不作为，致使国家利益或者社会公共利益受到侵害的，应当向行政机关提出检察建议，督促其依法履行职责。

（6）2018年3月施行、2020年12月修正的最高人民法院、

---

[1]《民事诉讼法》，即《中华人民共和国民事诉讼法》。为表述方便，本书中涉及我国法律文件直接使用简称，省去"中华人民共和国"字样，全书统一，后不赘述。

最高人民检察院《关于检察公益诉讼案件适用法律若干问题的解释》（以下简称《公益诉讼司法解释》），[1]对人民检察院提起公益诉讼案件的管辖、诉讼程序、判决等作出了明确规定。

2018年《公益诉讼司法解释》的出台背景和情况：一是双方的协商。最高人民法院周强院长和最高人民检察院曹建明检察长亲自沟通，决定由"两高"共同出台检察公益诉讼司法解释。经反复磋商，并征求全国人大常委会法工委、国务院法制办等单位意见，最高人民法院审委会和最高人民检察院检委会审议通过了该解释。二是求同存异。检察公益诉讼是新生事物，立法规定比较原则，可以借鉴的经验不多，理论研究还需要进一步深化。对于实践层面存在的一些问题，"两高"坚持求同存异、协同推进的原则，能形成共识的，就在该解释中固定下来；对于仍然存在不同认识的，就在司法解释中确定一些基本原则，如"应当遵守宪法法律规定，遵循诉讼制度的原则，遵循审判权、检察权运行规律"，便于地方人民法院、人民检察院在协同推进公益诉讼的实践过程中积极探索解决方案，同时也为将来的立法完善打下基础。该解释共27条。

二、行政公益诉讼制度的创新

行政公益诉讼对公益保护的功能主要体现在三个方面：一是围绕维护国家利益或社会公共利益的诉讼目的，实现公益保护的宗旨；二是重点通过对行政不作为的监督实现公益的目

---

[1] 2018年2月23日最高人民法院审判委员会第1734次会议、2018年2月11日最高人民检察院第十二届检察委员会第73次会议通过，根据2020年12月23日最高人民法院审判委员会第1823次会议、2020年12月28日最高人民检察院第十三届检察委员会第58次会议修正。

的;三是通过对事关民生的新型领域的有效介入,实现公益保护的目的。

(一)将公益保护作为诉讼目的并形成对公益保护的独特方式

公共利益关涉每一个人的利益,理应得到人们的关注和维护。然而,在现实中,大家的关注度反而不够,再加上长期以来缺乏良好的救济机制,公共利益受损问题一直没有得到有效救济和解决,尤其是在生态环境、国有资产流失等方面。对公共利益的维护,尽管也有不少制度和机制,但往往偏重宏观性或概括性的制度设计而缺乏专门性,特别是当真正发生侵犯公共利益的具体案件时,这些制度和机制往往并不能有效加以解决。保护国家利益或社会公共利益,这是行政公益诉讼制度设置的最主要目的,也是针对长期以来,人们对个人利益关注多而对公共利益关注不够,致使公共利益不断受损的现状而专门设置的一种诉讼制度。不仅在制度设计的初衷上体现了对公益的保护功能,而且在行政公益诉讼的实践中,紧紧围绕着公共利益这个中心,从诉前程序到诉讼程序,都体现了对公益的保护功能,实现了对公益保护的最佳状态。

值得注意的是,行政公益诉讼对公共利益的保护具有其独特的一面,它不像行政机关那样,通过对致害行为的直接处置来保护公共利益,而是通过督促负有职责的行政机关履行法定职责的方式来实现公益保护的功能,从这个意义上讲,这种保护具有"间接性"特点。比如,当检察机关发现了某公共利益受到侵害时,首先寻找负有法定职责的行政机关,审视其是否履行了法定职责,而不是直接采取处置措施;当发现是行政机关的违法行使职权或不作为造成的时,就向该行政机关提出履职的检察建议,要求其尽快履行法定职责,维护国家利益或社会公共利益;当行政机关不及时履行或不充分履行时,则向法院提起行政公益诉讼,通过司法途径促使行政机关积极履行法定职责。这种"间接性"的优势在于:一是可以理性地观察公共利益所处的具体状况,并审视行政行为与公共利益受损之间的关系,而较少掺杂主观意志,更有利于公共利益的维护;二是有利于处理检察监督与行政权行使的关系,通过对行政机关的督促来达到保护公益的目的;三是对行政机关形成较大的压力,检察机关具有法律监督的法律地位,行政公益诉讼制度是专门针对行政机关违法行为的监督,对不履行法定职责的行政机关提起诉讼,并将行政机关履职情况与监察机关、上一级行政机关以及其他违法犯罪线索的发现相联系,这就像悬在行政机关头上的一把达摩克利斯之剑,始终保持落下的态势,对行政机关形成威慑,促使行政机关积极履行法定职责,这种优势是其他监督方式所难以比拟的,也是公益保护的有效形式。

(二)弥补了长期以来对行政不作为监督不力而使得公益受损的问题

行政权本身就具有公益性属性,行政权行使的宗旨正是实现公益的目的,而不能谋求行政机关单位或部门的任何私利,"政府作为权力机关的执行者,执行的是人民的公意,代表的是人民的公共利益,本来不应该有属于自身的特殊利益"。[1]通过行政机关作出行政行为,实现法律所赋予的公共利益的目的,但前提是,行政机关必须有效合法地行使行政职权,否则,不仅不能实现公益,而且还会损害公益。因此,如何促进行政机关合法行使行政职权,是实现其公益功能的关键。

---

[1] 郭济主编:《政府权力运筹学》,人民出版社2003年版,第37页。

行政权不能实现公益功能的主要体现为行政违法问题，这使行政权偏离了法律的要求，偏离了实现公益的目的和宗旨。行政违法行为分为行使职权作为的违法和不作为的违法，前者往往是因为滥用职权、超越权限、不符合法定程序等而违反了相关法律规定；后者则是具有法定职责的行政机关没有作出任何行政行为，没有履行法定职责。对于作为的违法行为，无论是法理上还是相关法律，都设置了应对办法，有一套较为完善的保障制度和责任追究机制；但对于不作为的行为，则相对较弱，或者说缺乏有效的应对方法，存在难以厘清的问题，尤其是在涉及公共利益时，更是缺乏有效监督措施。而行政公益诉讼制度则有效填补了此项不足。

行政公益诉讼制度，虽然所预设的监督对象同时包括对行政违法行使职权行为和行政不作为的行为，但实践中，更多面对的是行政不作为的行为，很少有行政机关违法作为案件。据统计，在行政公益诉讼案件中，90%的案件都是行政不作为案件，是负有法定职责的行政机关不履行职责或怠于履行职责或履行职责不够充分，致使国家利益或社会公共利益受到损害。对行政不作为的治理，虽然也有相关制度，比如行政问责、公众监督等制度，但这些治理制度往往难以深入不作为形态的内部、抓不住行政不作为核心，甚至在涉及具体问责时还存在对不作为程度把握不准、难以有效问责的问题。而行政公益诉讼对不作为监督的最大特点：一是在案件监督类型方面，通过对个案监督的方式来解决行政不作为问题，相当于抓到了不作为的"现形"，而不是抽象的泛泛监督，体现了解决不作为问题的现实针对性；二是在案件监督方式方面，检察机关在对某些具体行政行为监督时，采取直接对行政职能与行政过程关系的

第一章 制度的建立与创新之处

分辨,并采取举证、质证、认证等有理有据的方式,指出不作为的客观事实,让行政机关心服口服,而不是空洞说教式的监督;三是在监督的内容方面,通过在诉前程序中提出检察建议、提起诉讼中法院作出司法判断、裁判后的自动移交执行等多个程序,直击不作为的"病灶",促使行政机关积极履行法定职责,有效地解决了行政不作为问题,也从根本上弥补了长期以来对行政不作为行为监督不力的问题,并促使行政机关充分履行职责以实现公益的目的。

(三)实现了对关乎民生的新型领域公益保护的合理介入

随着社会的发展,新型领域不断出现,热点问题不断产生,而对这些新的领域和热点问题过去一般都是由行政机关介入处理的,处理情况的好坏取决于行政机关的态度和方式,司法权则往往难以介入或难以深度介入。而行政公益诉讼制度从建立之初所选择的案件范围领域就是这些关乎民生的新型领域。例如,生态环境和资源保护、食品药品安全、国有财产保护、国有土地使用权出让等领域,以及后来在相关法律中所增加的,如关于英烈名誉权保护、安全生产领域[1]等。因此,可以说,行政公益诉讼通过对这些领域行政权行使的监督,使得这些本来主要属于行政权关注、由行政权处置的问题,也进入了检察监督的领域,成为检察机关与行政机关共同关注的问题;而由于检察机关提起行政公益诉讼,这些领域也合理合法并顺理成章地成为法院关注的领域,自然而然地进入了法院审理的范围,使得原本属于行政权单一处置的领域,变成了行政

---

[1] 2021年9月1日正式实施的修正后的《安全生产法》,正式将安全生产纳入检察公益诉讼法定领域。

权和司法权共同关注的领域，并使得司法关注成为更为可靠的最后一道防线，为公益的保护又上了一把保护锁，这是公益保护的一个创新，也补齐了司法介入这些新型领域的短板。

更重要的是，检察机关具有更高的法律地位、更强的监督力量，并与法院组成了更为强大的司法监督力量。需要说明的是，在这些新型领域，以往虽然也有个人提起诉讼，比如，在食品药品安全领域，以往进行救济的往往是个人，即使有集体诉讼，往往也会出现力量不足的问题，难以与拥有强大经济实力的大公司、大企业的当事方相抗衡，难以达到对该领域治理的效果。而且，法院在此类案中，尤其是审理行政机关作为被告的案件中，往往顶着较大的外在压力，特别是来自相关企业和政府的压力，监督效果不佳。因此，多年来，这些领域是监督的薄弱环节，也是公益受损最为严重的领域，民众和社会一直存在不满。而行政公益诉讼制度建立后，检察机关作为司法机关，面对这些领域公共利益被侵害的情形，不仅可以主动进行监督，改变了司法被动性的局面，而且通过将行政机关告上法庭，与同样作为司法机关的法院一道，形成对公共利益保护的合力，共同对上述领域的行政违法或不作为行为进行监督，改变了法院对行政权监督唱独角戏的情形，有效减少了法院势单力薄的情形，对违法行使职权的行政机关形成了一定的威慑力，较好实现了公益目的。经过多年来的实践，行政公益诉讼在该领域对公共利益的维护确实起到了非常好的效果，这是其他保护机制所难以实现的。

三、行政公益诉讼制度仍存在亟待优化之处

行政公益诉讼并非我国独创，但以检察机关作为唯一提起

第一章　制度的建立与创新之处

主体的行政公益诉讼制度则是我国的特色,作为一个具有自己特色的制度,行政公益诉讼中有许多值得探讨的问题。从产生之日起,我国行政公益诉讼制度虽然取得了较好效果,但并非完美无缺,仍存在亟待优化的问题。具体包括以下方面:

第一,案件范围优化问题,即案件范围是否需要拓展以及如何拓展的问题。本书提出:对行政公益诉讼范围中的"等"应作"等外等"解释,这是由检察机关作为法律监督机关的法律定位以及行政公益诉讼保护国家利益和社会公共利益的目的决定的。而且,从试点到实施,行政公益诉讼范围就是一个不断扩大和完善的过程。当下,最高人民检察院应当出台司法解释,明确"等"的"等外"含义,同时,各级检察机关应积极探索,为行政公益诉讼范围的扩大积累经验并创造有利条件。

第二,诉前程序优化问题。作为行政公益诉讼前置的必经程序,诉前程序给予了行政机关自我纠正的机会、节约了司法资源,也较好地体现了检察权谦抑性品格。但诉前程序仍存在亟待解决的问题,需要适度司法化,需要重构。诉前程序适度司法化是在诉前程序中引入审判程序中的司法元素,构建具有司法特点的诉前程序机制,是对诉前程序单向性结构、行政化色彩浓厚的改革。检察权本身的司法属性、检察权运行司法化在其他领域运用的经验以及行政公益诉讼诉前程序的实施成果,都为诉前程序适度司法化提供了可行性条件。诉前程序适度司法化包括诉前程序中检察权能的司法化和检察权运行方式的司法化,体现为检察机关相对中立法律地位的确立、检察人员相对独立办案权的明确、对审听证程序的引入等具体路径。

第三,检察机关的调查取证权。检察机关当下弱小的调查取证权难以适应公益诉讼的现实需要。保护公共利益以及公益诉讼案件本身复杂性等特点，决定了必须赋予检察机关以更大的调查取证权。要赋予检察机关必要时可以采取司法强制措施进行调查取证的权力，以解决被调查对象不配合等问题；要赋予检察机关有权要求相关机关或组织对其行为进行举证的权力，以减轻检察机关调查取证的压力。要通过立法方式赋予检察机关更多的调查取证权，并对调查取证权行使条件、程序等作出明确规定。

第四，规范性文件附带审查制度构建。《行政诉讼法》及相关司法解释没有对行政公益诉讼能否对规范性文件进行监督或附带审查制度作出明确规定，而且普通行政诉讼规范性文件附带审查制度也难以适用于行政公益诉讼。保护国家利益或社会公共利益以及更好发挥检察机关法律监督职能的要求决定了构建行政公益诉讼规范性文件附带审查制度的必要性和可行性，而行政公益诉讼与普通行政诉讼的较大差异性决定了必须建立独立的行政公益诉讼规范性文件附带审查制度，包括提起附带审查请求的时间、对规范性文件的认定和审查标准、对违法规范性文件认定的体现方式以及对被认定为违法的规范性文件的纠正方式等，都要体现行政公益诉讼的特点。

第五，举证责任制度构建。相关法律及司法解释没有对行政公益诉讼举证责任分配问题作出专门规定，而实践中也存在各地做法不一、缺乏统一标准的现象。由于行政公益诉讼在提起主体、案件类型、前置程序等方面具有自己的特色，普通行政诉讼举证责任分配规则难以适应行政公益诉讼的需要，必须构建独立的行政公益举证责任分配规则。要从有利于促进行政机关依法行政、有利于检察机关提起行政公益诉讼、有利于构建双方在诉讼中平等的法律地位、有利于法院查清案件事实以及与普通行政诉讼举证责任分配规则相衔接的角度来考量举证责任分配规则构建问题,在检察机关、行政机关等当事人之间合理分配举证责任。

第六,独立的法律规范构建。从诉讼目的、提起主体、受案范围、举证责任、诉前程序等诸方面,都显示出了行政公益诉讼与普通行政诉讼的巨大差异。因此,行政公益诉讼虽然被置于行政诉讼法之中,但行政诉讼法却无法为行政公益诉讼提供一套有效的适用规则,而行政公益诉讼也不得不在行政诉讼法之外另行制定适用规则。主观诉讼与客观诉讼分类及其不同特点,为重新构建行政公益诉讼法律规范体系提供了理论证成。行政诉讼法中所确定的行政诉讼具有主观诉讼倾向,以权利救济为目的;而行政公益诉讼则是典型的客观诉讼。为此,有必要建立以客观诉讼为基础的行政公益诉讼法律规范体系,制定专门的行政公益诉讼法,明确行政公益诉讼特有的内容,对诉前程序进行适度司法化,并建立预防性行政公益诉讼,为行政公益诉讼提供量身定做的法律依据。

第七,预防性公益诉讼构建。我国现行由检察机关提起的行政公益诉讼制度,属于一种已经发生侵害事实的事后救济类型,难以达到对国家利益和社会公共利益进行全面救济的目的,必须建立对行政公益诉讼制度进行补充的预防性行政公益诉讼制度。在侵害行为尚未发生或即将发生或刚刚发生但尚未造成损害事实时,由检察机关提起行政公益诉讼,以达到预防危害发生的效果,最大限度地保护国家利益或社会公共利益。应通过立法或司法解释,对预防性行政公益诉讼提起的范围、提出的时机、诉讼程序、裁判形式等作出明确规定。

第八，制度合理定位的再思考。当下，在行政公益诉讼制度定位问题上存在两种认识误区，或夸大其作用，或强调对其的融入性改造。这两种倾向都不利于该制度的完善和良性发展，必须对行政公益诉讼进行科学合理的定位。行政公益诉讼制度是一种诉讼制度，具有诉讼的基本特点，要按照诉讼的基本要求进行完善，而不能变为一种协商调解机制；同时，行政公益诉讼虽然具有保护公益的功能，但不能指望其在公益保护方面包打天下，一家独揽，还应当发挥其他主体公益保护的作用。应当在对行政公益诉讼制度进行科学定位的基础上进行制度完善，扩大提起主体范围，分离诉前程序，并协调公共利益冲突、明确行政不作为标准及拓展行政公益诉讼类型等。

第二章
案件范围拓展

《行政诉讼法》第 25 条第 4 款规定:"人民检察院在履行职责中发现生态环境和资源保护、食品药品安全、国有财产保护、国有土地使用权出让等领域负有监督管理职责的行政机关违法行使职权或者不作为,致使国家利益或者社会公共利益受到侵害的,应当向行政机关提出检察建议,督促其依法履行职责……"可见,《行政诉讼法》明确规定的行政公益诉讼范围包括四个方面,即"生态环境和资源保护""食品药品安全""国有财产保护""国有土地使用权出让"领域,与此同时,在四项范围后面又用一个"等"字。现在的问题是:对"等"字该如何理解?是"等外"还是"等内"?对此,尚无任何权威性解释,司法实践中也有不同的看法,为此,有必要予以澄清,以指导行政公益诉讼实践。

目前,对行政公益诉讼制度研究的成果不少,但专门对行政公益诉讼范围进行研究,特别是对"等"字作出解读的成果几乎没有,必须从理论上进行研究,为司法实践提出理论支撑。

本书观点是:行政公益诉讼的范围不限于《行政诉讼法》第 25 条所列领域,应当不断扩大,对"等"字应以"等外"

来解释。

一、行政公益诉讼范围"等外"的理论证成

(一)检察机关法律监督权决定了行政公益诉讼范围的扩大

检察机关拥有法律监督权,提起行政公益诉讼源于法律监督权,是法律监督权在行政诉讼领域的具体运用。行政公益诉讼交由检察机关提起,而不是由其他机关或组织提起,就是因为我国检察机关具有独特的法律地位,特别是被宪法明确界定为国家的法律监督机关,依法独立行使检察权,[1]可以说,"让检察机关有权提起行政公益诉讼……契合检察机关法律监督的宪法地位……"[2]

当然,检察机关法律监督的范围到底有多大,目前有不同观点,这主要是由宪法与相关法律规定不同而引起的。宪法从抽象层面上作出了规定,所规定的法律监督范围较为广泛;而相关法律则规定了具体明确的范围,法律监督范围较小。其实,检察机关法律监督的范围,可分为实然和应然两种情形。其中,实然情形是现行法律已作出规定的情形,一般限于对司法机关及司法行为的诉讼监督等;而应然情形则涉及"一般监督"问题。[3]宪法上的规定体现了一种较大范围的监督,属于

---

[1]《宪法》第134条明确规定,"中华人民共和国人民检察院是国家的法律监督机关";第136条规定,"人民检察院依照法律规定独立行使检察权,不受行政机关、社会团体和个人的干涉"。《人民检察院组织法》也作了类似的规定,该法第2条第1款规定:"人民检察院是国家的法律监督机关。"

[2] 胡卫列:"论行政公益诉讼制度的建构",载《行政法学研究》2012年第2期,第39页。

[3] 参见郭立新:"法律监督、检察机关法律监督争议评析",载《国家检察官学院学报》2003年第5期,第105页。

第二章 案件范围拓展

一种应然层面的监督,相关法律上的规定则是根据现实状况而对宪法相关条款的具体落实,并非全部落实,需要根据现实发展情况不断完善相关领域的法律,将宪法中的规定逐步全面地加以落实。行政公益诉讼制度正是伴随社会发展需要,从宪法关于法律监督规定中延伸出来的一种制度,而不是对已有相关具体法律的落实,因此,必须从宪法的角度来理解;相反,如果对法律监督的范围进行实然性理解,就很难理解行政公益诉讼,也难以拓展行政公益诉讼的范围。

从宪法规定的角度来理解,检察机关的法律监督权是"人民代表大会之下的分权形式:检察机关作为二级国家权力与国家的行政权、审判权平行设置相互独立",[1]并构成了对后两者的监督。实际上,目前,除了立法,执法、司法都是法律实施的形式,都是法律实施的体现。因此,从理论上讲,只要属于法律实施范围的,都属于法律监督的范围,检察机关都可以依法定程序运用国家权力对法的实施过程进行监督。[2]这从《人民检察院组织法》的规定中也可以看出,该法第2条第2款规定,"人民检察院通过行使检察权,追诉犯罪,维护国家安全和社会秩序,维护个人和组织的合法权益,维护国家利益和社会公共利益,保障法律正确实施,维护社会公平正义,维护国家法制统一、尊严和权威,保障中国特色社会主义建设的顺利进行",明确了检察机关广泛的法律监督权。因此,"不论是职务犯罪侦查权、公诉权、抗诉权均是法律监督权能的衍生

---

[1] 参见王戬:"我国检察机关法律监督的'特色'理解",载《河北法学》2010年第7期,第188页。

[2] 参见刘本燕:"试论我国检察机关法律监督范围",载《甘肃政法学院学报》2005年第6期,第80~84页。

与拓展","就行政公益诉讼而言，同样体现了监督的特点，针对没有达到犯罪程度的行政违法行为提起行政公益诉讼，采用诉讼的方式进行监督，迫使行政权力合法、恰当地行使，达到维护公共利益的目的"。[1]

就被监督对象的行政机关而言，在我国，以各级政府及其工作部门为主体的行政机关是重要的法律实施主体，由于行政权几乎渗透到了我国各领域的方方面面，行政机关法律实施的范围非常广泛。根据《地方各级人民代表大会和地方各级人民政府组织法》第73条第5项规定，县级以上地方各级人民政府可以行使的职权，包括"经济、教育、科学、文化、卫生、体育、城乡建设等事业和生态环境保护、自然资源、财政、民政、社会保障、公安、民族事务、司法行政、人口与计划生育等行政工作"，行政权行使的范围非常大。行政机关的职责由法律确定，意味着不但要积极行政，防止不作为；还要合法行政，不能违法。由此可见，检察机关法律监督范围的广泛性和行政机关权力行使领域的广泛性，决定了行政公益诉讼范围的广泛性，凡是行政机关在各领域内违法行政或不作为，并给国家利益和社会利益造成侵害的，都应当是检察机关法律监督的范围，检察机关都应该有权进行监督。检察机关法律监督范围与行政机关违法或不作为而致国家利益或社会公共利益受到侵害的范围是一致的，有多少这样的情形，法律监督就延伸到多大领域，检察机关皆有权提起行政公益诉讼。这也意味着，对行政机关违法行使职权或不作为进行监督的领域，绝不能仅仅

---

[1] 唐震："行政公益诉讼中检察监督的定位与走向"，载《学术界》2018年第1期，第154页。

第二章 案件范围拓展

限于《行政诉讼法》中所列举的四个领域，在其他更为广阔领域的行政违法或不作为，也都应该属于法律监督的范围，"无论是城管执法还是拆迁问题，无论是铁道部门作出的票价上涨决定还是国有资产的流失，都涉及公共利益。如果不能处理好这些问题，将有可能导致社会矛盾不断激化，甚至可能会出现悲剧性结局"；[1]而《行政诉讼法》中所作出的，并非穷尽的列举，因此，对其中的"等"应作出"等外等"的解释。

（二）行政公益诉讼的目的决定了范围的广泛性

建立行政公益诉讼制度的目的是更好地保护国家利益和社会公共利益，"最核心的公益诉讼目的是保护公益，最基本的出发点是回应社会各界关切，特别是人民群众对侵害公共利益行为的关切"，[2]这从行政公益诉讼试点期间相关文件以及正式入法的立法说明中可以清楚地看出。在全国人民代表大会常务委员会《关于授权最高人民检察院在部分地区开展公益诉讼试点工作的决定》中规定了"加强对国家利益和社会公共利益的保护"；在试点期间，检察机关先后发布了《检察机关提起公益诉讼改革试点方案》《实施办法》，表述了试点的目标为："维护国家和社会公共利益""加强对国家和社会公共利益的保护"。2017年6月22日最高人民检察院检察长在向第十二届全国人民代表大会常务委员会所作的关于《行政诉讼法修正案（草案）》的说明中，在阐述行政公益诉讼制度建立的必要性

---

[1] 胡云红："比较法视野下的域外公益诉讼制度研究"，载《中国政法大学学报》2017年第4期，第38页。
[2] 详见"官方解读检察机关提起公益诉讼制度入法"，载 http://news.sina.com.cn/o/2017-06-27/doc-ifyhmtrw4227764.shtml，最后访问日期：2019年12月6日。

时指出，首要的必要性就是"有利于更好地保护国家利益和社会公共利益……是检察机关提起公益诉讼制度的着眼点。试点地区检察机关按照《全国人民代表大会常务委员会关于授权最高人民检察院在部分地区开展公益诉讼试点工作的决定》要求，牢牢抓住公益这个核心，重点办理造成国家和社会公共利益受到侵害的案件"。[1]

由于现实中出现了侵害国家利益或社会公共利益而"公民、法人和其他社会组织由于没有直接利害关系，没有也无法提起诉讼",[2]即没有适格的原告主体，而这种侵害又往往是行政机关没依法履职造成的，特别是在我国经济社会转型时期，"环境污染、食品安全、垄断行业乱收费、国有资产流失等重大甚至恶性事件时有发生，对社会公共安全、公共利益和国家利益造成了严重损害",[3]于是就将此职责赋予了检察机关。因此，实现保护国家利益和社会公共利益的目的是行政公益诉讼制度设计的主要缘起，也是该制度运行效果的归属，行政公益诉讼范围的大小必须围绕这个目的。"对于与私人没有利害关系的行政行为，在行政私益诉讼的法律框架下就不可能受到司法审查，若其他国家监督机制失灵，就难以阻却这类行政行为损害国家利益和社会公共利益。"[4]

---

[1] 详见曹建明："检察机关提起公益诉讼有利于更好地保护国家利益和社会公共利益"，载 http://www.sohu.com/a/151379332_267106，最后访问日期：2020年4月16日。

[2] 《实施办法》第28条。

[3] 胡卫列："论行政公益诉讼制度的建构"，载《行政法学研究》2012年第2期，第37页。

[4] 罗文燕："行政公益诉讼的范围、要件与程序"，载《法治现代化研究》2019年第3期，第47页。

由于我国是一种大政府的治理模式，行政机关拥有广泛职责，每个领域都可以找到相对应的行政机关职责，行政机关违法行政或不作为而侵害国家利益和社会公共利益并非只存在于这四个领域，还有更广泛的领域。只要侵害了国家利益或社会公共利益，就应该允许检察机关提起行政公益诉讼。"在行政公益诉讼领域，无论是从保护国家利益和社会公共利益的现实需要，还是构建权力制约体系的长远目标来看，均应根据实践中问题的严重程度和公益诉讼的必要性、紧迫性，适度扩大行政公益诉讼受案范围，使其与行政权涉及的公益领域相契合。"[1]如果仅仅局限在《行政诉讼法》所列举的四个领域中出现违法行政或不作为时才能提起行政公益诉讼，就与行政公益诉讼制度设计的目的和初衷不相符合，就会使得许多领域的国家利益和社会公共利益在受到侵害时而无法提起行政公益诉讼，无法对国家利益和社会公共利益进行及时有效的保护。因此，出于对国家利益和社会公共利益保护的目的和初衷，必然会随着实践不断发展，随着人们对相关领域认识的不断成熟，将更多领域的事项纳入行政公益诉讼范围，必然对"等"之外的领域范围继续扩大。

（三）从立法解释学解读"等外"的内涵

法律条款的抽象性必须通过解释的方式获得其明确的含义。对法律条款解释的方式有许多，但首先选择的是文义解释，因为法律的语言文字是立法意图的直接载体，要阐明法律规定的含义，须先从文义解释开始，"按照法律条文用语之文

---

[1] 郑锦春、白静："检察机关提起行政公益诉讼制度探析——以内蒙古自治区检察机关试点实践为视角"，载《人民检察》2017年第15期，第55页。

义及通常使用方式,以阐释法律之意义内容"。[1]从文义解释方法上,有学者认为,"'等'字作'列举后煞尾'的解释时在'等'字之后有数量词作为标志,作'列举未尽'解释时则没有数量词标志"。[2]最高人民法院在如何理解法律规范中"等"的问题上也曾给予明确意见。[3]当然,单从文义解释还不能完全得出行政公益诉讼范围必然是"等外等"解释的结论,因为在许多法律中,都有"等"字的表述,并不都是可以作为"等外等"来解释的,要弄清行政公益诉讼范围中的"等"字,还必须结合行政公益诉讼设置的目的,因为围绕着立法的目的进行解释,可以从本质上解读出立法原意,正如德国学者欧特曼所言,"立法目的之探求是启开疑义之钥匙"。[4]我国学者也认为:"虽然法律本质上为行为规范,但是人类并不是为规范而规范,而是利用法律规范去追求某些目的。法律以文字为载体,但法律文字也只是为达成目的之手段。所以,适用法律者如果知道法律的目的,亦即明白法律文字的意义。"[5]正如上文所言,行政公益诉讼是为了保护国家利益和社会公共利益,而国家利益和社会公共利益并不仅仅局限于《行政诉讼法》对行政公益诉讼

---

[1] 梁慧星:《民法解释学》,中国政法大学出版社1995年版,第214页。

[2] 孔祥俊:《行政诉讼证据规则与法律适用》,人民法院出版社2005年版,第490页。

[3] 最高人民法院《关于审理行政案件适用法律规范问题的座谈会纪要》(法〔2004〕第96号)中明确了以下解释规则即:法律规范在列举其适用的典型事项后,又以"等""其他"等词语进行表述的,属于不完全列举的例示性规定。以"等""其他"等概括性用语表示的事项,均为明文列举的事项以外的事项,且其所概括的情形应为与列举事项类似的事项。

[4] 转引自梁慧星:《民法解释学》,中国政法大学出版社1995年版,第244页。

[5] 周佑勇:"行政法原则的适用",载武汉大学法学院:《珞珈法学论坛》(第3卷),武汉大学出版社2003年版,第269页。

所列举的范围，而是有着非常广泛的范围，而且检察机关作为法律监督机关，其法律监督的范围也不止于《行政诉讼法》所列举的四项范围，因此，在这个目的和语义下，对行政公益诉讼范围作扩大性解释是顺理成章的，将行政公益诉讼范围的"等"字作"等外等"来解释，是符合法律解释的基本要求的。

二、行政公益诉讼范围"等外"的现实趋势

行政公益诉讼范围的不断扩大，不仅有理论上的依据，而且在现实中也一直处于不断扩大的过程和趋势。从试点到实施后的扩大，行政公益诉讼范围就是一个不断完善的过程。

在试点期间，《检察机关提起公益诉讼改革试点方案》以及《实施办法》中所规定的行政公益诉讼范围都是"生态环境和资源保护、国有资产保护、国有土地使用权出让等领域"，明确列举出来的是三个领域，而且当时"重点是对生态环境和资源保护领域的案件提起行政公益诉讼"。但到了写入《行政诉讼法》时，就增加了"食品药品安全"，变为四个领域，是由于将食品药品安全纳入行政公益诉讼的范围是中央深化改革领导小组明确提出的要求。

而随着行政公益诉讼制度的进一步实施，公益诉讼的范围也在不断扩大。例如，国务院于2017年9月出台《关于完善进出口商品质量安全风险预警和快速反应监管体系切实保护消费者权益的意见》（国发〔2017〕43号），将行政公益诉讼制度扩展到进出口商品质量安全领域。[1] 又如，施行于2018年5

---

[1] 国务院《关于完善进出口商品质量安全风险预警和快速反应监管体系切实保护消费者权益的意见》（国发〔2017〕43号）工作任务部分第15项。

月1日的《英雄烈士保护法》将"侵害英雄烈士的姓名、肖像、名誉、荣誉"的事项纳入了行政公益诉讼范围,[1]对行政公益诉讼范围作了进一步扩大。2021年6月1日施行的《未成年人保护法》明确将未成年人保护纳入公益诉讼制度的适用范畴,使公益诉讼制度为未成年人的健康成长保驾护航(第106条)。2021年9月1日,修正后的《安全生产法》正式实施,将安全生产纳入检察公益诉讼法定领域。

也就是说,虽然《行政诉讼法》将行政公益诉讼的范围列举为四个领域,但并不限于四个领域,只要现实中存在较为严重的问题,特别是在侵害了国家利益和社会公共利益的领域,就会逐步被纳入行政公益诉讼范围。由此也可以进一步推断,只要条件成熟,将会有越来越多的领域事项被纳入行政公益诉讼范围,《行政诉讼法》中的"等外等"含义也会逐渐得到证实。

实际上,行政公益诉讼在其他国家,例如美国、印度、日本、韩国,尽管在提起的主体等方面有所不同,但在提起的范围方面都有进一步扩大的趋势,受案范围"涉及公民基本权利、环境保护、食品药品安全、文化遗产保护、教育与性别歧视等各方面",[2]它们公益诉讼所要解决的问题在我国也同样存在。而且,在我国,随着法治政府建设的进一步加强,对行政机关依法行政的要求也越来越高,许多领域问题涉及面广,

---

[1]《英雄烈士保护法》第25条第2款明确规定:"英雄烈士没有近亲属或者近亲属不提起诉讼的,检察机关依法对侵害英雄烈士的姓名、肖像、名誉、荣誉,损害社会公共利益的行为向人民法院提起诉讼"。

[2] 胡云红:"比较法视野下的域外公益诉讼制度研究",载《中国政法大学学报》2017年第4期,第16页。

"处理不好很容易转化为群体性信访问题,激发社会矛盾"。〔1〕而借鉴域外的做法和经验,将这些问题纳入以说理方式解决的行政公益诉讼范围,更有利于理性地处理这些社会转型中的问题,及时化解矛盾。

有人可能会说,既然行政公益诉讼的范围可以不断扩大,那么,为何当初在立法时不作概括性表述,比如表述为:只要是行政机关违法或不作为并致使国家利益和社会公共利益受侵害的,均可以提起行政公益诉讼。

这可能与立法技术和行政公益诉讼的现实状况有关。

就立法技术而言,在立法中,常规性的做法是:即使事项的范围很广,也倾向于使用列举法对主要事项作出明示。例如《行政诉讼法》在对受案范围规定时就采取了概括式与列举式的混同模式。首先在《行政诉讼法》第2条第1款概括性地规定了"公民、法人或者其他组织认为行政机关和行政机关工作人员的行政行为侵犯其合法权益,有权依照本法向人民法院提起诉讼",同时又在第12条规定了可以提起行政诉讼的12种肯定性情形,并在列举后面加了一个兜底条款。〔2〕这个具体列举实际上起着指示性作用,指引着原告对照列举的行政行为进行诉讼。当然,就受案范围而言,行政公益诉讼与普通的行政诉讼在制度设计的导向上是不同的,后者是一种对个体利益的保护和救济,对行政诉讼范围倾向于以列举作为提起诉讼前提

---

〔1〕 王万华:"完善检察机关 提起行政公益诉讼制度的若干问题",载《法学杂志》2018年第1期,第100页。

〔2〕 即除了该条第1款第12项所规定的"认为行政机关侵犯其他人身权、财产权等合法权益的"兜底项外,还在第2款规定了兜底款,即"除前款规定外,人民法院受理法律、法规规定可以提起诉讼的其他行政案件"。

的导向，而前者倾向于扩大的导向，但在列举的指示性作用方面两者则是相同的。

就行政公益诉讼制度本身而言，尽管都知道需通过建立行政公益诉讼制度来解决国家利益和社会利益受到侵害而没有适格原告提起诉讼的问题，但毕竟它是一个新生事物，在哪些领域开展、如何达到良好效果，都是不断探讨的过程，这也是需要先在部分地区开展试点的重要原因。尽管已经有了试点，但也不可能全面开花，只能在几个已经积累了较为丰富经验的重要领域内加以推广，而其他没有试点的领域，则仍有许多问题需进一步探索。为了保险起见，也是为了确保该项制度能够得到平稳实施，《行政诉讼法》采取了有限列举的方式，所列举的四个领域，正如最高人民检察院在向全国人大常委会作修改《行政诉讼法》说明时所讲的那样，"这些领域直接涉及国家利益和社会公共利益，也是人民群众高度关注的民生领域"。[1] 因此，将试点中已经成熟的领域和当下社会热点领域事项作出列举，更有利于实践中的实施，其他暂时还不便列举的领域不作出列举。但必须明白的是，列出了四项领域，并不意味着只能在此四项领域开展，而随着时机的成熟和实践的不断探索，将会有更多的事项纳入行政公益诉讼的范围，成熟一个推广一个，使得"等"字解释不断扩大。

---

〔1〕 详见"关于《中华人民共和国行政诉讼法修正案（草案）》和《中华人民共和国民事诉讼法修正案（草案）》的说明"，载http://www.npc.gov.cn/npc/c10134/201706/c47ac51aab1644efb8b171a7a862099e.shtml，最后访问日期：2018年9月10日。

三、为行政公益诉讼范围"等外"的适用创造有利条件

"在法律中如果使用模棱两可、含混不清的词汇或者使用多义词而不指出其具体含义,在适用法律时就会造成错误,其后果是很严重的,甚至是很危险的。"[1]对"等"字的解释涉及行政公益诉讼受案范围问题,而案件范围之宽窄决定了检察权对行政权司法监督的力度,也直接影响法院行使司法裁判权的范围,更直接决定公共利益在多大程度上能够通过司法监督得到维护。[2]

(一)出台司法解释,明确"等"字含义

虽然行政公益诉讼范围从理论上讲是可以随着社会发展和行政公益诉讼制度的实施而不断得到扩大的,但不可能由各地检察机关自行进行解释,并作扩大解释,如果那样,必然造成混乱,不利于该制度的实施,而必须由最高人民检察院联合最高人民法院以司法解释的方式作出统一解释。[3]值得注意的是,《立法法》已经赋予了"两高"以司法解释的权力,正如《立法法》第119条第1款所规定的,"最高人民法院、最高人民检察院作出的属于审判、检察工作中具体应用法律的解释,应当主要针对具体的法律条文,并符合立法的目的、原则和意"。对"等"字的解释,属于检察工作中"具体应用法律的

---

〔1〕 吴大英、任允正:《比较立法学》,法律出版社1985年版,第235页。

〔2〕 参见王万华:"完善检察机关 提起行政公益诉讼制度的若干问题",载《法学杂志》2018年第1期,第96~108页。

〔3〕 对行政公益诉讼范围问题,虽然检察机关是最重要的提起主体,但如果不能得到审判机关的认可,即使检察机关提起行政公益诉讼,也会出现法院以不在受案范围为由而不予受理的情形,因此,有"两高"进行协商后联合作出司法解释,更有利于实践中的实施。

解释"，属于司法解释的范围，对此，由最高人民检察院根据上述情形作出扩大解释，以指导各地的实践。相对于立法而言，司法解释具有一定的灵活性，因此，最高人民检察院可以根据现实发展需要和具体情况，随时地、多次地作出司法解释，以适应行政公益诉讼实践的需要。

最高人民检察院在作司法解释时，可将当下实践中较为成熟或社会反响较大的领域直接进行列举，例如，对文物、古建筑等文化遗产保护，房屋拆迁和土地征收等；也有学者建议，"将不当使用政府财政资金、不当设置与维护公共设施造成公共利益受损、规划领域和公共建设领域的违法审批，以及其他导致社会公共卫生、经济秩序、公共安全受到严重损害的行为，纳入行政公益诉讼的范围当中"。[1]与此同时对可以纳入行政公益诉讼范围的事项，列出其应具备的基本要件，这个要件应包括：

1. 负有法定职责的行政机关违法行使职权或不作为

关于行政机关违法行使职权的界定，一般容易判断，只要有法定依据而行政机关违反法律规定行使职权的，就可以认定为违法行政。但对不作为，则存在界定上的难题，因为，何为行政不作为，在行政法理论上还存在许多需要进一步探讨的问题，特别是对不作为的程度难以作出判断。对此，需要作出详细的司法解释。

2. 致使国家利益和社会公共利益受到侵害

这是提起行政公益诉讼的核心依据，也是行政违法或不作

---

〔1〕 马怀德、孔祥稳："拓宽案件范围完善行政公益诉讼制度"，载《检察日报》2017年4月3日。

为所侵害的结果。但也同样存在着难以界定的问题,司法解释对此需要作出解释。这里关键要将其与以下情形相区分:表面上为数量众多人的利益而实质上属于私益;区分社会公共利益与集团财产保护等。在对社会公共利益难以准确界定的情况下,可采取特征描述方式作出界定,比如事件具有重大性,涉及主体的不特定多数,涉及利益具有基本性等。[1]

3. 具备上述两个条件的社会热点问题或群众呼声较高的领域

现实中,不断有新的热点事件出现,不乏侵害国家利益和社会公共利益的事件,影响了社会公平正义目标的实现,群众对此呼声较高,检察机关在适当条件下,应将之纳入行政公益诉讼范围。

(二) 各级检察机关积极探索,为扩大范围积累经验

如上论述的那样,尽管对可纳入行政公益诉讼的事项可以作扩展性解释,但哪些已经达到成熟的程度,哪些暂时还不行,需要在实践中积极探索,而且,"从目前全国行政公益诉讼的实践看,检察机关提起行政公益诉讼均在立法列举的四类案件之内,尚无四类案件之外'等领域'的突破"。[2]各地检察机关要勇于探索,不拘泥于现有领域范围,对当地出现违法行政行为并致国家利益和社会公共利益受到侵害的事件尝试介入,特别是利用不具有诉讼特点但却具有监督作用的诉前程

---

〔1〕 湖北省十堰市郧阳区检察院在诉该区林业局行政公益诉讼案中,将公共利益进行归纳,即公共利益具有六个特性:主体是不特定的多数人;具有基本性,涉及国家和社会共同体及其成员生存和发展的基本利益;具有整体性和层次性;具有发展性;具有重大性;具有相对性。这种特征列举的方法具有一定的借鉴价值。

〔2〕 方世荣:"东北振兴中的营商环境治理——关于拓展行政公益诉讼范围的思考",载《社会科学辑刊》2018年第4期,第50页。

序，积极督促行政机关纠正违法行为、履行法定职责，并在此过程中积累经验、拓展范围。由于"等"字范围以外的领域具有一定的争议性，因此，可要求检察机关在提起行政公益诉讼时，提前报上级检察机关批准，并进行充分的说理，以便稳妥地推进。同时，最高人民检察院也要通过激励机制，鼓励各级检察机关积极探索新的案件类型，并收集具有典型意义的案例，定期发布指导性案例，指导和引导各地实践，在时机成熟时完善相关司法解释，将范围扩大后的范围法定化。

结　语

《行政诉讼法》在对行政公益诉讼范围进行具体列举的同时，使用了"等"字，从检察机关法律监督的属性和提起行政公益诉讼的目的来看，对这个"等"字，应作扩大的开放性解释，这意味着行政公益诉讼的范围并非封闭的，而是给实践留下了丰富的空间。随着行政公益诉讼实践的不断发展，会有越来越多的领域事项进入行政公益诉讼的范围，达到对行政权行使的广泛监督，促使行政机关积极作为和合法行政，并最终达到对国家利益和社会公共利益保护的目的。

需要说明的是，对"等"字作"等外"的理解，只是为行政公益诉讼范围的扩大提供了一定依据、法理基础和可能性，而要使得"等外等"变为现实，仍需要立法的介入，至少需要司法解释的介入，而不是由任何办案人员所作的无权解释，因此，"等外等"的解释，不会造成行政公益诉讼范围的泛滥，更不会加重检察机关监督的负担。

第三章
诉前程序优化

诉前程序作为我国检察机关提起行政公益诉讼前一个具有特色性的制度，契合了我国的国情。随着行政公益诉讼制度的实施，诉前程序将发挥更大的积极作用。但与此同时，诉前程序中存在的不足问题越来越暴露出来，诉前程序的司法化问题也逐步提上议事日程。而通过适度司法化，可以更好地丰富和完善诉前程序，完善行政公益诉讼制度，使之发挥更大作用。

目前，学界虽然对诉前程序研究成果不少，但对诉前程序司法化问题还没有足够关注，通过中国知网搜索，此类研究成果还很少，为此，急需加强研究，以便为诉前程序作用的更好发挥提供理论指导。

一、行政公益诉讼诉前程序的制度设计与功能定位

我国行政公益诉讼制度自建立以来，诉前程序就成为一个必经程序，并随着行政公益诉讼制度的发展而不断完善。

早在 2015 年 7 月 1 日至 2017 年 7 月 1 日的试点期间，相关文件就明确规定了行政公益诉讼的诉前程序。2015 年 7 月，最高人民检察院发布的《检察机关提起公益诉讼改革试点方案》明确提出："在提起行政公益诉讼之前，检察机关应当先行向相关行政机关提出检察建议，督促其纠正违法行政行为或者依法履行职责。"之后，最高人民检察院2015年12月发布的《实施办法》再次强调了诉前程序，"经过诉前程序，行政机关拒不纠正违法行为或者不履行法定职责，国家和社会公共利益仍处于受侵害状态的，人民检察院可以提起行政公益诉讼"。而在行政公益诉讼制度正式写入《行政诉讼法》时，继续保留了诉前程序，规定人民检察院先"向行政机关提出检察建议，督促其依法履行职责"，在"行政机关不依法履行职责"时，检察机关可向法院提起诉讼。随后2018年3月2日起施行的《公益诉讼司法解释》，对《行政诉讼法》中关于诉前程序的内容进行了细化和优化，并将诉前程序中行政机关的回复时间由试点期间的1个月延长为2个月，还规定了紧急情况下行政机关15天回复的要求，以保证特殊情况下对公共利益的及时救济。

　　诉前程序体现为行政公益诉讼的前置性、必经性的程序，是法定性程序，"意味着检察机关在提起行政公益诉讼之前，必须先向行政机关提出检察建议，没有这个程序，就不能提起行政公益诉讼；诉前程序的目的是督促行政机关依法履行职责，只有在行政机关不履行职责时，才可以启动诉讼程序"。[1]无论是在试点期间还是正式实施之后，诉前程序都是作为检察机关提起行政公益诉讼的前置的、必经的程序，也是一个相对独立的程序。可以说，没有一种诉讼像公益诉讼这样，专门设置诉前程序，并将之作为一种必经的、前置的程序，这体现了该

---

〔1〕 王春业："论检察机关提起行政公益诉讼的'诉前程序'"，载《江汉大学学报（社会科学版）》2018年第3期，第30页。

制度设计者的良苦用心。

通过诉前程序,至少可以实现以下几个功能:

第一,在加强对行政机关检察监督的同时,也给予了行政机关自我纠正的机会。检察机关作为法律监督机关,有促使行政机关依法行政的职责,促使行政机关积极行政和合法行政,行政公益诉讼正是为了纠正行政机关的行政违法或行政不作为问题,发挥检察监督的功能。然而,行政公益诉讼不是为诉讼而诉讼,而是"督促执法而非执意与主管机关竞赛",[1]是为了促进行政机关及时履行法定职责;而且,行政机关出现的违法或不作为问题,往往是行政机关或其工作人员抱有侥幸心理或疏忽大意而造成的,并非故意行为。而诉前程序就可以起到告知和警戒方面的作用,不仅告知了行政机关的违法行为,而且警示行政机关如果不及时纠正违法行为,将面临诉讼的后果,将受到法院的审查,进而给了行政机关一个自我检查和自我纠错的机会,促使行政机关主动纠正违法行为或积极作为。给予行政机关自我纠正的机会也成为大多数案件能够在诉前程序中得到及时解决的重要原因。

第二,在积极运用司法途径纠正行政违法行为的同时,也从制度设计上节约了司法资源。行政公益诉讼不同于检察机关对行政机关的直接监督,而是试图借助于司法审判程序,达到对行政违法或行政不作为行为的纠正。然而,在当今案多人少的情况下,司法资源属于有限资源,也具有时间长、成本高的特点,有限的司法资源必须运用到最为需要的地方。如果没有诉前程序,其结果则是所有的行政公益诉讼案件都会由检察机

---

[1] 叶俊荣:《环境政策与法律》,中国政法大学出版社2003年版,第249页。

关提交到法院,而法院都要按照通常的审理程序进行审理,尽管可能许多案件都会以行政机关的败诉并同意纠正告终,但耗费了大量的司法资源。而如今,通过诉前程序就可以达到不经过正式诉讼程序而促使行政机关自我纠正违法行为的效果,可以说,诉前程序的设置,在节约司法资源、尊重行政自制、促进社会和谐方面具有不可替代的功效。〔1〕

第三,在强调检察监督主动性的同时,也较好地体现了检察权的谦抑性品格。检察权具有一定的"主动性"特点,常常体现为主动发现和主动纠正的特点。然而,检察监督权毕竟不同于具有管理职能的行政权,两者具有不同分工和权力边界。行政公益诉讼作为一种对行政权的监督,检察权必须恪守着自己的边界,"检察权应谨慎行使,保持克制……从而体现法律之宽容原则,并将谦抑所蕴涵的人的价值作为一种内在的精神追求,修复创伤,重塑和谐",〔2〕特别是在"生态环境和资源保护、食品药品安全、国有财产保护、国有土地使用权出让"等行政公益诉讼领域,这些是行政机关更为熟悉的专业领域,在正式提起行政公益诉讼之前,通过诉前程序,让行政机关进行自我纠正,体现了行政先行处理原则,也体现了检察机关在提起行政公益诉讼前的一种谨慎,更体现了检察监督权的谦抑性品格,以防止对行政权的行使造成不必要的干预。

---

〔1〕 参见应松年:"行政公益诉讼试点亟待解决的几个问题",载《人民论坛》2015年第16期,第65页。

〔2〕 郭林将、李益明:"和谐社会语境下检察权的谦抑性——引进环境公民诉讼(E.C.S)的立法思考",载《理论与现代化》2010年第2期,第57页。

二、诉前程序的实施现状与制度局限

自行政公益诉讼建立以来,诉前程序在案件处理中发挥了很大作用,大多数案件都在诉前程序阶段得以顺利解决。据统计,有3/4的行政机关在行政公益诉讼的诉前程序当中纠正了违法行为,履行了法定的职责,[1]显示了诉前程序的巨大优势。但这并非表明诉前程序就尽善尽美而不需要发展和完善,实际上,该程序仍存在一些亟待解决的问题,仍有较大的完善空间,突出体现在以下两个方面:

(一)诉前程序呈现单向性结构

从诉前程序的立案环节到检察建议的发出以及决定是否提起行政公益诉讼等,都呈现出检察机关的单向程序结构,基本上都是检察机关在唱独角戏。诉前程序在具体环节上可分为两个阶段:

第一阶段是调查取证阶段。时间是从行政公益诉讼案件立案到检察建议提出之前。在该阶段,检察机关为了弄清行政机关是否存在违法行使职权或不履行法定职责行为以及国家利益和社会公共利益是否受到侵害而进行调查取证,掌握初步证明材料,并据此作出判断,为下一步决定是否终结审查、是否发出检察建议以及发出怎样的检察建议打好基础。在该阶段,检察机关调查取证后,行政机关是否存在行政违法或不作为的问题,往往是由检察机关一方作出判断,没有行政机关参与,没有举证质证环节,也就是说,在此过程中,行政机关并不参与

---

[1] 详见"最高检民事行政检察厅厅长胡卫列回答关于修改民事诉讼法和行政诉讼法的决定有关问题",载 http://www.weibo.com/5053469079/F9O3S50eX?mod=weibotime&type=comment#_rnd1498573329829,最后访问日期:2019年5月6日。

进来，检察机关根据自己所掌握的情况单方作出判断，并发出检察建议，没有听取行政机关的意见，没有给可能成为被告的行政机关任何申辩的机会。

第二阶段是检察机关作出最终处理阶段。检察机关在向行政机关发出检察建议后，行政机关必须在规定的时间内依法履职并回复，[1]行政机关不依法履职的，检察机关将依法向法院提起行政公益诉讼。在此阶段，检察机关要对行政机关是否履行检察建议中的要求以及履行的程度作出判断，并作出是否提起行政公益诉讼的判断和决定。换言之，在该阶段，在检察建议发出后，对行政机关的反馈以及整改情况的判断，也是检察机关独自在进行，对行政机关是否履行了检察建议的内容，是否整改到位，只是检察机关自己作出判断，没有行政机关面对面地质证和辩论，没给行政机关任何申辩的机会，体现了一种单方性特点。

可见，从诉前程序的两个阶段来看，基本是检察机关在单方唱独角戏，对案件事实的认定体现为检察机关的单向性。单向性结构最大的弊端在于：在没有对方当事人参与的情况下，难以充分查清案件事实，难以形成高质量的检察建议，难以使得行政机关心服口服，而且在单方结构下检察机关将耗费更多的人力物力财力，也是一种不经济、不高效的做法。

（二）诉前程序行政化色彩较浓厚

诉前程序的行政化问题由来已久，检察机关体制行政化色彩

---

[1]《公益诉讼司法解释》第21条第2款规定的是行政机关应当在收到检察建议书之日起2个月内依法履行职责，并书面回复人民检察院。出现国家利益或者社会公共利益损害继续扩大等紧急情形的，行政机关应当在15日内书面回复。

第三章 诉前程序优化

一直较为浓厚,正所谓"生于司法,却无往不在行政之中"。[1]突出表现在:在检察机关内部,检察机关内设机构、检察人员等没有独立的办案权力与地位,必须在检察长统一领导下开展工作;在整个检察机关系统,检察机关采取上下一体化,上下级之间是领导与被领导关系,最高人民检察院领导全国各地检察机关工作、上级检察机关领导下级检察机关工作;在工作方式上,检察机关与地方党政机关采取同一行政管理模式,讲究行政职务高低;在办案业务上,检察机关有着严格的逐级审批制度,实行三级审批制,案件承办人不具有独立办案权,往往要经过部门负责人、分管检察长直至检察长等的审批,决定权在检察长手中,检察机关始终采用行政性的办案方式。[2]

这种行政性特点也充分体现在行政公益诉讼的诉前程序中,主要体现为诉前程序中检察机关对案件的严格审批方面。在行政公益诉讼试点期间,《检察机关提起公益诉讼试点方案》规定要"先行层报最高人民检察院审查批准";《实施办法》则更加明确规定"地方各级人民检察院拟决定向人民法院提起公益诉讼的,应当层报最高人民检察院审查批准"。从试点到正式实施,[3]这种审批的痕迹一直存在。此外,案件还要采取集体讨论的方式,《实施办法》规定要"经集体讨论""集体讨论形成的处理意见,由民事行政检察部门负责人提出审核意见后

---

[1] 龙宗智:"检察机关办案方式的适度司法化改革",载《法学研究》2013年第1期,第170页。

[2] 参见于立强:"我国侦查裁量权的界定与评价",载《法学论坛》2018年第1期,第116页。

[3] 《公益诉讼司法解释》虽然没有出现案件审批的规定,但通过调研发现,实践中仍然延续着试点期间的做法,即案件要经过报批程序。

报检察长批准。检察长认为必要的，可以提请检察委员会讨论决定"。

这种行政化模式运用到诉前程序中，其不良后果在于：一是办案效率低。一个案件往往要经过多层级的审批，而作为上级审批的领导常常很忙，很难及时对相关案件进行审批，导致一个案件经常要经过较长时间才能走完审批程序。二是不利于对案件事实的查清。对案件的审查，必须在亲历案件调查和审查的基础上作出判断，而审批制违反了案件亲历性规律，审批案件的领导对案件并不十分了解，他们更多从政治角度或社会影响力来把握审批，往往会忽略事实与证据的查清；而对案件事实较为清楚的承办人员却没有独立性和办案权。三是助长了办案人员的依赖心理。一些承办人员认为案件的审查决定权不在自己，因此，办案过程中不积极探索和研究，也使得当前的司法办案责任制以及错案追究责任难以落到实处。总之，诉前程序行政化是与司法化相反的一种倾向，久而久之，必然会损害诉前程序的质量和实施效果，进而可能影响行政公益诉讼制度的良性发展。

也有人认为，诉前程序虽然存在上述问题，但自设置以来，不是一样可以达到较好效果吗？何必还要进行改革和重构？

其实，这是没有充分看清诉前程序效果好的深层次原因。对诉前程序实施情况，我们不能只看到其良好的一面，也要冷静客观地分析形成当下如此大好局面的各种因素。诉前程序之所以能取得如此好的效果，并不仅仅是该程序实施得好，还有更多特殊的形势背景。胡卫列、迟晓燕教授在《从试点情况看行政公益诉讼诉前程序》一文中，曾客观地分析了其中的诸多原因，包括"中央强化作风建设，推进全面从严治党，构建问责等一系列约束机制""在国家高调推进公益诉讼的背景下，各方面形成对行政机关的压力以及潜在的风险""检察机关地位、职能的特殊性及其积极工作带给行政机关的压力""特别是在国家监察体制改革到位前，还拥有职务犯罪侦查权，这是一种十分强大的威慑力量"[1]等。这些因素实际上是诉前程序之外的但对诉前程序的实施具有重要影响和作用的因素，是诉前程序实施的外部保障因素，这些外部保障因素从一定意义上讲，具有比诉前程序本身更大的力量，是这些外部保障因素为诉前程序的实施扫除了各种障碍和阻力。然而，随着包括行政公益诉讼在内的热点时期的过去、国家关注点的转移，特别是随着检察机关职能中自侦权力的剥离，检察机关的威慑力[2]大为减少，诉前程序的震慑力也将大为减退，在这种情况下，如果诉前程序工作做得不扎实、不规范，很难再让行政机关有畏惧感，也不会继续保持以往好的实施效果。因此，正视这个现实，必须进一步改造和重构诉前程序，将诉前程序做得更为精致，使得诉前程序成为让行政机关心服口服地纠正违法行为或积极作为的利剑。

---

[1] 胡卫列、迟晓燕："从试点情况看行政公益诉讼诉前程序"，载《国家检察官学院学报》2017年第2期，第41~43页。

[2] 《实施办法》第34条曾规定，"民事行政检察部门在办理行政公益诉讼案件过程中，发现国家工作人员涉嫌贪污贿赂、渎职侵权等职务犯罪线索的，应当及时移送职务犯罪侦查部门；发现其他刑事犯罪线索的，应当及时移送侦查监督部门"。行政机关以往担心如果不及时纠正行政违法或不作为，可能面临检察机关对相关公职人员职务犯罪的调查与追究。

三、诉前程序的革新空间与适度司法化的路径选择

(一) 诉前程序适度司法化的含义

"司法"一词，在不同的语境下有不同的内涵和外延。为了研究的需要，本书采取狭义的解释，即司法是指法院的审判活动。司法的特点有许多，其中最关键的，一是中立性，法院居中判断、不偏不倚地作出裁判；二是两造对抗，由双方当事人在平等基础上进行现场言词对抗，作为第三方的法院，在听取双方举证质证辩论的基础上作出客观公正裁判。司法的这些特点，非常有利于查清案件事实，明辨是非，作出理性的决断。

"司法化"一词，在我国主要在三个领域里使用：一是在宪法领域使用，即所谓的宪法司法化，"指我国各级人民法院在对个案裁判所适用的法律进行解释时，当将宪法原则和精神纳入考量范围"，[1]强调宪法规范要像其他法律规范一样可以在司法案件裁判中直接适用。二是在行政行为领域使用，特别是强调行政处罚的司法化、行政复议的司法化等，例如，行政复议司法化，是"针对行政复议法在实践中的问题，如复议机构缺乏独立性、复议程序过于行政化、行政复议与行政诉讼的衔接、复议范围、审理机制等"，[2]强调行政复议由行政化的倾向向司法特征转变的过程。三是在刑事诉讼和民事诉讼领域使用，体现为检察机关运用司法化的方式处理批准逮捕、不起

---

[1] 黄卉：《合宪性解释及其理论检讨》，载《中国法学》2014年第1期，第285页。

[2] 沙金：《行政复议法修改及其司法化改革》，载《内蒙古社会科学（汉文版）》2015年第6期，第81页。

诉、民行诉讼监督案件审查程序等。

诉前程序司法化，就是按照司法活动的特点对诉前程序进行改造，"祛除我国检察体制长期以来所形成的'过度行政化'的痼疾"，[1]使之具有司法特点的过程，强调在诉前程序中适度引入审判程序中的司法元素，即构建两造对抗结构、实行举证质证方式、双方适当辩论、检察官地位的相对独立和中立地查明案件事实等，有效督促行政机关及时纠正违法行政行为或履行法定职责，并对不及时履职的行为提起行政公益诉讼。

当然，本书所研究的诉前程序司法化，是一种适度的司法化。由于检察权的运行体制机制与法院司法审判有较大不同，特别是检察机关不可能对案件作出具有终局性的结论，最多只能作出是否提起行政公益诉讼的决定。因此，诉前程序的司法化也只能是相对的、有限的、适度的司法化，只是吸取或借鉴司法审判程序中有益的做法，而不可能完全司法化，更不可能按照法院审判程序那样对待诉前程序。例如，检察机关的中立性、检察官的独立办案等都只能具有相对性。因此，在诉前程序司法化过程中，哪些可以司法化，哪些不必司法化，必须作出选择，并进行有效的制度设计，以使诉前程序司法化达到预期效果。

（二）诉前程序适度司法化的可行性

"制度的好坏不在于其本身是否符合逻辑，而在于其是否与所处的整体制度构架和社会环境相契合。"[2]诉前程序适度司法化问题并不是空穴来风，不仅有其必要性，而且也有其现

---

[1] 万毅："检察改革'三忌'"，载《政法论坛》2015年第1期，第153页。
[2] 樊崇义：《刑事诉讼法哲理思维》，中国人民公安大学出版社2010年版，第311页。

实的可行性。

第一，检察权的司法属性为诉前程序适度司法化提供坚实基础。在我国，检察权是一个比较复杂的权力，虽然体现为一定的行政性，但其司法属性是不容置疑的。《宪法》第136条规定："人民检察院依照法律规定独立行使检察权，不受行政机关、社会团体和个人的干涉。"这是我国检察权依法独立行使的宪法表述，也在宪法层面上为检察机关独立、中立、公正的司法属性提供宪法依据。实际上，在我国，无论在法律层面还是政策层面，检察机关都被归到司法机关范畴，检察权具有司法属性，检察权也是司法权，"与域外进行比较，我国检察权的司法功能最强，我国检察机关实际上行使着域外专属于法官的司法审查权和司法救济权"。[1]

尽管检察权的司法性与作为审判权的司法性有所差异，但在本质上则都要体现司法民主性、公正性以及公信力等这些司法普遍性规律。一是就司法的民主性而言，参与、平等、中立、公开等都是司法民主的基本要素，[2]要保证相关当事人的有效参与。二是就司法的公正性而言，"司法应当以公正作为价值取向，公正与现代司法有着内在的联系，不与公正相联系的司法就丧失了现代司法的应有之义"。[3]三是就司法的公信力而言，司法公信力是社会公众对司法行为的主观判断和认

---

[1] 骆绪刚："检察权运行司法化研究"，华东政法大学2015年博士学位论文，第39页。

[2] 骆绪刚："检察权运行司法化研究"，华东政法大学2015年博士学位论文，第87页。

[3] 公丕祥："论司法公正的价值内涵及制度保障"，载信春鹰、李林主编：《依法治国与司法改革》，中国法制出版社1999年版，第198页。

可,"当一定数量的多数人对某一社会现象或事物具有认同感时,我们说这一社会现象或事物取得了公信力"。[1]司法公信力来自对事实认定的准确、对法律适用的正确,"司法公信力之于司法犹如信仰之于法律。缺少信仰的法律形如虚设,缺少公信力的司法形成不了法律救济的应有权威和实效,也难以产生法律公正和社会正义的形象"。[2]检察权的司法属性,为检察权司法化运行在诉前程序中进一步运用提供了良好基础。

在诉前程序中,检察机关对是否立案要进行审查,对是否要向法院提起行政公益诉讼要进行审查,对行政机关是否已经纠正了行政违法或不作为要进行审查等,相当于"法官之前的法官",承担着审查与救济职能,对国家利益和社会公共利益进行救济和保护,体现了其司法性特点。因此,检察权的司法属性以及诉前程序内容的特点都表明,诉前程序司法化有其非常合理的法理基础和现实运行基础,要按照司法规律和司法特点运行,对诉前程序进行适度司法化。

第二,检察权在其他领域司法化的经验为诉前程序适度司法化提供有益借鉴。行政公益诉讼诉前程序司法化问题尽管是个新问题,但检察权司法化问题已经不再是新命题,实践一直在不断探索,尤其是在刑事诉讼监督领域。例如,对审查批捕、审查起诉、立案监督、羁押必要性审查等,不仅有法律和司法解释等相关规定和要求,而且这些领域的审前程序司法化更有着较为丰富的地方实践。

就国家层面而言,《刑事诉讼法》第 88 条规定,"人民检

---

[1] 董皞:"司法功能与司法公正、司法权威",载《政法论坛》2002 年第 2 期,第 42 页。

[2] 关玫:《司法公信力研究》,人民法院出版社 2008 年版,序言,第 1 页。

察院审查批准逮捕，可以讯问犯罪嫌疑人"，并"可以询问证人等诉讼参与人，听取辩护律师的意见；辩护律师提出要求的，应当听取辩护律师的意见"，也就是说，在审查批准逮捕程序中，已经出现了三方结构，即检察机关、侦查机关、犯罪嫌疑人及其辩护律师，而且体现了司法所具有的言辞对抗、审查公开等明显司法化特征。最高人民检察院2012年初颁布实施的《人民检察院刑事申诉案件公开审查程序规定》（现已失效），要求"采取公开听证以及其他公开形式"，公开审查刑事申诉案件，并对听证审查的范围、主体、程序、评议与决定等作了详细的规定；2013年的《人民检察院民事诉讼监督规则（试行）》，也专门规定了听证程序，听证过程与审判程序有着较大相似性：[1]申请人陈述事实与理由，其他当事人发表意见、提交证据以及质证，申请人和其他当事人发表最后意见等。而近年来我国在刑事诉讼领域里开展的"以审判为中心"的诉讼制度改革，更是倒逼检察机关在提起公诉之前，确保侦查、审查起诉的事实要经得起庭审的检验，必须采取司法化方式与庭审程序对接。

在地方上，从省级检察机关到县区级检察机关，不少地方都制定了相关诉讼领域的听证办法，对相关事项在作出决定前，都要进行听证。听证一般都由检察机关主持，经过举证、质证、辩论后，最后作出决定。例如，在审查批逮捕方面，上

---

[1]《人民检察院民事诉讼监督规则（试行）》第62条规定，听证应当按照下列顺序进行：①申请人陈述申请监督请求、事实和理由；②其他当事人发表意见；③申请人和其他当事人提交新证据的，应当出示并予以说明；④出示人民检察院调查取得的证据；⑤案件各方当事人陈述对听证中所出示证据的意见；⑥申请人和其他当事人发表最后意见。

海市嘉定区人民检察院制定了《未成年人案件审查逮捕听证办法》；在羁押必要性审查方面，江西省新余市渝水区人民检察院制定了《羁押必要性监所审查听证规则（试行）》；在不起诉方面，上海市徐汇区人民检察院制定了《关于不起诉适用检察庭听证及宣告的实施意见（试行）》等。甚至有些基层检察院还专门设置了"检察庭""听证室""宣告室"等，用于听证及相关决定的宣告。检察权在刑事诉讼等领域司法化的做法，具有一定的借鉴意义，可以为行政公益诉讼诉前程序适度司法化提供有益经验。

第三，行政公益诉讼诉前程序自身实践为其适度司法化创造了积极条件。包括行政公益诉讼在内的公益诉讼制度自试点到全面实施期间，各地在诉前程序方面进行了积极探索，适度司法化初见端倪，为诉前程序的真正适度司法化奠定了扎实的基础。在试点期间，检察机关可以询问违法行为人、证人，咨询专业人员、相关部门或者行业协会等对专门问题的意见等。在《公益诉讼司法解释》中，对诉前程序的规定已经呈现出了一定的司法化倾向。例如，检察机关如果要采取证据保全措施，要依照《行政诉讼法》的规定办理；检察机关发出检察建议后，行政机关要在2个月内依法履行职责并书面回复检察机关，紧急情况下，行政机关要在15日内回复等。这些情形表明，诉前程序已经开始出现司法化倾向，并不断朝着司法化的方向迈进。

当然，目前司法化程度还不够，缺乏真正意义上的三方结构，而且有些检察机关在诉前程序方面做得较为粗糙，诉前程序的相关环节不规范，特别是有些检察人员对诉前程序的重要性认识不足，认为诉前程序之后还有诉讼程序，因而对诉前程序存在操作不规范、不严谨等问题，仍有较大的司法化空间。为此，必须通过适度司法化方式，进一步拓展和优化诉前程序内容，丰富诉前程序的内涵，形成一套更为完善的诉前程序制度，实现诉前程序作用的最大化。

四、诉前程序适度司法化的重构建议

诉前程序适度司法化包括诉前程序中检察权能的司法化和检察权能运行方式的司法化。检察权能的司法化注重检察权本身属性司法性的加强，[1]在制度设计上，又包括检察机关相对中立法律地位的确立和检察人员相对独立办案权的明确；检察权运行方式的司法化则要求检察权在诉前程序的运行方式要向司法审判程序方向靠拢，主要体现为引入对审听证程序等。

（一）确立检察机关在诉前程序中相对中立的法律地位

行政公益诉讼的目的是保护国家利益和社会公共利益，检察机关作为主体有主动履行法定职责的义务，但并不是说检察机关就不能中立，相反，在查清行政机关是否存在行政违法或不作为问题方面，只有相对中立的立场才能以理性的态度真正查清事实，否则，就难免会从带有偏见的视角，有先入为主的可能，难以做到公正客观地对待案件，不利于行政公益诉讼的良性发展。相对中立地位的确定，在一定程度上要克服检察机关过于主动的倾向，甚至有学者认为，"理想的检察权操作模式，应是以被动为基调、为原则，以主动为补充、为

---

〔1〕例如，2012年修改的《刑事诉讼法》增加了检察机关对侦查机关非法证据的排除、对于诉讼参与人救济、对羁押必要性的审查等诸多权能，使部分检察职能呈现出司法化的特征。参见陈卫东、程永峰："新一轮检察改革中的重点问题"，载《国家检察官学院学报》2014年第1期，第86页。

例外"。[1]换言之,检察机关在诉前程序中,虽然可以以明确的保护国家利益和社会公共利益的立场对待行政公益诉讼,但在具体查清行政机关是否有行政违法或不作为行为时,则要以中立的立场进行调查取证,客观公正、不偏不倚地审查案件,并以中立的立场作出是否提起行政公益诉讼的决定,以体现出司法性特点。

检察机关相对中立的地位还表现在案件来源的渠道方面,对案件的发现,既可以是"在履行职责中"发现,还要敞开公民、法人或其他组织对行政违法或不作为举报的大门,任何人只要发现行政机关有行政违法或不作为问题,都可以向检察机关进行举报、控告,检察机关在此基础上进行立案,并开启诉前程序。只有这样,才能避免检察权对行政权的不当干预,才能进一步拓展行政公益诉讼的案源,才有利于行政公益诉讼长久持续良性发展。

(二) 明确检察人员在诉前程序中相对独立的办案权

诉前程序适当司法化较为重要的事项是,保证办案的检察人员相对独立行使检察权。"司法实践的经验和教训表明,不解决检察官职权行使的独立性问题,检察权就无法司法化运行",[2]正如德国学者米德迈尔所言:"检察官应力求真实与正义。"[3]检察人员的办案独立性不仅要求其不受来自检察系

---

[1] 吕丁旺:"检察权论——以检察权的司法属性为中心",中正大学2011年博士学位论文,第82页。

[2] 骆绪刚:"检察权运行司法化研究",华东政法大学2015年博士学位论文,第137页。

[3] 转引自林钰雄:"检察官在诉讼法上之任务与义务",载《法令月刊》1998年第10期,第19页。

统外部的干预，排除来自各级行政机关对检察人员案件审查和处理的干预，还要排除来自检察机关系统内的不当干预。"上级检察院领导下级检察院的方式只能包括部署工作，政策性指导，重大事项决策，培训、业务考核和检查督促",[1]而不是对具体案件进行不当干预。检察人员的相对独立性，要求检察人员在承办案件时，不受任何不当干预，而以事实为根据、以法律为准绳，对案件客观公正地作出独立的判断与决定。值得注意的是，最高人民检察院印发的《关于贯彻落实党的十九大精神深入推进检察改革的工作意见》明确提出了全面推行检察官办案责任制，落实"谁办案谁负责，谁决定谁负责",[2]为检察人员独立办案权的确立奠定基础。为此，要切实落实好这个工作意见，明确检察人员的独立办案权，让检察人员能够按照司法规律，独立审查、独立办案、独立决定是否提起行政公益诉讼，实现诉前程序司法化。

（三）建立诉前程序对审听证程序

诉前程序中检察权运行方式司法化就是引入审判程序中的司法元素，按照司法方式运行，构建具有司法特点的诉前程序机制。这里最关键的是要建立诉前程序对审听证程序制度。

所谓听证，就是"听取双方当事人意见的制度",[3]对审听证是由两个以上的机构或个人在互不隶属、地位平等的前提

---

[1] 向泽选：“新时期检察改革的进路”，载《中国法学》2013年第5期，第130页。

[2] 详见"最高检：探索建立与监察委员会相适应的检察工作体制和机制"，载 https://www.ccdi.gov.cn/yaowen/201801/t20180102_160738.html，最后访问日期：2019年6月2日。

[3] 丁煌："论行政听证制度的民主底蕴"，载《武汉大学学报（社会科学版）》2001年第1期，第87页。

下,相互进行检查、督促,在发现别的机构或个人实施了违反法律的行为或决定时,可以促使后者变更或作出撤销决定。[1]诉前程序中的听证程序是由具体调查案件的检察官作为一方,可能成为被提起行政公益诉讼被告的行政机关作为另一方,而主持人则应当是没有介入案件处理的检察人员。即由案件的调查人员与行政机关就行政机关是否存在行政违法或不作为进行举证、质证、辩论,并把听证结果作为是否发出检察建议或是否提起行政公益诉讼的重要基础。检察机关通过对审听证方式,在直接、公开的过程中,在两造对抗的基础上,根据证据情况作出判断,确保作出决定的正确性,最终决定是否提起行政公益诉讼。通过相关当事人的参与和积极对抗,对检察机关的最终决定产生积极影响。"利用公开和外部力量的参与,既可以督促行政机关正确认识职责履行情况、主动纠错,又可以提升社会对诉前程序决定的认同度。"[2]听证后,检察机关可以采取合议方式对行政机关是否存在违法或不作为问题作出决定,作为向行政机关发出检察建议的基础和是否提起行政公益诉讼的依据。

(四) 完善与诉前程序适度司法化相关的制度规则

不仅要在检察权能司法化和检察权运行方式司法化方面加强制度设计,还要完善相关配套制度,以更好地配合诉前程序适度司法化的实现。具体包括以下相关制度规则:

第一,要赋予检察机关更大的调查取证权。诉前程序适度

---

[1] 参见陈瑞华:《刑事诉讼中的问题与主义》,中国人民大学出版社2011年版,第61页。

[2] 胡卫列、迟晓燕:"从试点情况看行政公益诉讼诉前程序",载《国家检察官学院学报》2017年第2期,第46页。

司法化之后，在对审听证程序中承办的检察官需要对行政机关违法或不作为行为进行必要的举证。如果没有扎实的证据作支撑，不仅难以对行政机关的行为进行定性，达不到促使行政机关纠正违法行为或促使其作为的目的，而且在需要检察机关提起行政公益诉讼时，也会因诉前程序证据的不充分，难以达到胜诉的诉讼效果，并由此造成司法资源的浪费。因此，诉前程序证据是否充分，工作做得好坏，直接影响到与诉讼程序衔接的效果，影响到此后诉讼程序的质量。目前，虽然也有相关司法解释对检察机关调查取证权作出规定，但该调查取证权力非常小，被形象地称为"'柔性'协作机制"，[1]与检察机关保护国家利益和社会公共利益的职责不相吻合。由于调查取证权力较小，特别是没有必要的强制取证权，检察机关现实中存在取证难、取不到证据的问题。为此，必须在诉前程序适度司法化过程中，扩大检察机关调查取证权，并赋予检察机关在特定情况下对妨碍检察机关取证行为采取相关司法强制措施的权力。

第二，要明确行政不作为的审查标准。在法院行政审判程序中，往往要按照一个明确的标准来判断相关行政行为的合法性，没有明确的判断标准，就难以得出公正的结论。就行政公益诉讼诉前程序而言，在适度司法化后，也有一个对行政机关行政行为判断标准的问题。行政机关的行为有行政违法和"未履行法定职责"的行政不作为，对于行政违法行为，一般比较容易认定，而行政不作为的标准，实践中则难以把握。目前，

---

[1] 王晓航、张源："行政公益诉讼诉前程序需要'优化'"，载《检察日报》2019年3月21日。

各地掌握的标准有较大差异，有的只要是行政机关已经作出了一定的行为，不管结果如何，检察机关都认为行政机关已经履行了作为义务，不再提起行政公益诉讼，此为宽松的审查标准；有的则采取非常严格的结果审查标准，不但要审查行政机关在诉前程序中是否依法履行了法定职责，还要求该行为足以保护公益，这对行政机关提出了更为严苛的要求。[1]为此，有必要确定明确的、统一的审查标准。实际上，可以按照案件的不同类型，采取分门别类的审查标准。比如，在环境保护领域，是否作为，要看行政机关对污染源是否及时进行了处理，防止损害扩大，对污染企业是否进行跟踪监管并着力督促环保措施的落实等，而不是看污染是否达到了彻底整治的结果；在国有土地使用权出让领域，要看行政机关是否已经追缴了国有土地受让方欠缴的出让金，对已经违规办理的土地使用权证是否按规定进行了注销并收回了国有土地等；在非法改变土地用途领域，要看行政机关对涉案人员是否严肃处理并开始着力恢复土地原状等。[2]总之，要根据不同案件区别对待，对此，最高人民检察院也要尽快出台进一步细化的分类审查标准，以指导各地实践。

第三，要完善检察建议的具体内容与效力。在诉前程序中，对检察建议到底应当具有哪些内容、应当符合何种要求以及具有多大的法律效力等，相关司法解释并没有作出非常明晰的规定，但这些却直接关系到检察建议的质量，就像法院经过

---

[1] 参见刘超："环境行政公益诉讼诉前程序省思"，载《法学》2018年第1期，第122页。

[2] 参见何湘萍："论行政公益诉讼诉前程序的完善"，载刘艳红主编：《东南法学》（总第13辑），东南大学出版社2018年版，第108~109页。

审理后要作出判决一样，必须具有法定的表述形式和内容方面的严格要求。为此，必须从形式到内容提高检察建议质量，以符合适度司法化的趋势：一是规范检察建议的格式，使之更规范、更严肃；二是对检察建议进行科学分类，不同案件类型使用的检察建议也应有所区别，以体现检察建议与案件类型相适应，就像法院要根据案件类型的不同而作出不同种类的判决一样；三是要在提高检察建议的"五性"上下功夫，即提高检察建议的说理性、针对性、可操作性、专业性，进而提高检察建议的权威性。至于检察建议的效力问题，也不是说检察建议只能是一种建议而一概没有强制的效力。实际上，应当区别诉前程序中检察建议与其他领域检察建议的效力。诉前程序中的检察建议，应当具有更高的法律效力。行政机关不理睬或故意拖延的行为，或在国家利益、社会利益可能遭到更大损害而检察机关向行政机关发出类似于诉前禁令的情况下，行政机关没有采取必要的有效挽回措施的，这不仅可以作为检察机关提起行政公益诉讼的依据，检察机关也可以据此对行政机关故意的行为进行处罚，特别对故意的行政机关负责人或直接责任人科以处分和处罚。

结　语

诉前程序适度司法化是充分发挥诉前程序在促使行政机关及时纠正行政违法或不作为的一种路径，以达到更好地保护国家利益和社会公共利益的目的。当前，可以通过三种途径实现诉前程序适度司法化：一是通过立法手段解决诉前程序适度司法化中的检察权能司法化问题。在诉前程序司法化过程中，有些问题需要通过立法方式加以解决，如检察机关的调查取证权问题，因为作为公权力机关的检察机关，其权力的获得，特别是可能影响公民权利的权力，必须有明确的法律依据。为此，可提请全国人大常委会作出决定或作出立法解释。二是通过司法解释的方式完善诉前程序适度司法化中的相关制度。可通过最高人民检察院司法解释的方式，进一步完善诉前程序的司法责任制、检察官独立办案制度，明确建立诉前对审听证程序制度等。三是通过发布指导性案例方式有针对性地指导各级检察机关诉前程序适度司法化的工作。

第四章
调查取证权的赋予

从试点开始,检察机关提起公益诉讼制度已经走过了七个年头,虽然取得了不少成绩,但检察机关调查取证权的弱小、取证难一直是实践中的难点问题,要求改变的呼声越来越高。调查取证权是检察机关提起公益诉讼的必要前提与保障,直接关系到公益诉讼的质量和效果,改革与完善检察机关调查取证权,已经成为公益诉讼制度实施中的重要问题,迫切需要加强研究。

一、公益诉讼中检察机关的调查取证权呈现弱小现象

对于检察机关在公益诉讼中的调查取证权,《行政诉讼法》没有作出具体规定。在公益诉讼制度试点期间,《实施办法》[1]虽然列举了检察机关可以采取调查取证的方式,[2]但这些方式

---

[1] 2015年12月16日由最高人民检察院第十二届检察委员会第四十五次会议通过。

[2]《实施办法》第6条第1款对民事公益诉讼的证据调查问题作了规定,即人民检察院可以采取以下方式调查核实污染环境、侵害众多消费者合法权益等违法行为、损害后果涉及的相关证据及有关情况:①调阅、复制有关行政执法卷宗材料;②询问违法行为人、证人等;③收集书证、物证、视听资料等证据;④咨

第四章 调查取证权的赋予

主要是调阅、复制、询问、咨询、勘验等，呈现出非强制性特点，难以获得所需要的证据；而且明确规定检察机关"调查核实不得采取限制人身自由以及查封、扣押、冻结财产等强制性措施"。[1]在公益诉讼制度正式入法并全面实施后，最高人民法院、最高人民检察院联合通过的并于2018年3月2日起施行的《公益诉讼司法解释》虽然对检察机关的调查取证权作了规定，但内容较为简单，操作性不强，而且权力依然十分弱小，与普通原告的证据收集权几乎无异。

《公益诉讼司法解释》第4条首先规定了检察机关以公益诉讼人身份提起公益诉讼，并"依照民事诉讼法、行政诉讼法享有相应的诉讼权利，履行相应的诉讼义务"。该条虽然规定了检察机关在公益诉讼中公益诉讼人的身份和地位，但实际上所享有的却是普通原告所具有的诉讼权利。既然"依照民事诉讼法、行政诉讼法"，那就来看看普通原告在诉讼中所享有的收集证据的权利。无论在民事诉讼中还是在行政诉讼中，作为原告，都有证据收集的权利，没有任何人有资格剥夺其证据收集权利。例如，《民事诉讼法》第52条、第64条不仅规定了当事人的证据收集权，"可以查阅本案有关材料，并可以复制本

(接上页)询专业人员、相关部门或者行业协会等对专门问题的意见；⑤委托鉴定、评估、审计；⑥勘验物证、现场；⑦其他必要的调查方式。第33条对行政公益诉讼证据调查问题作了规定，即人民检察院可以采取以下方式调查核实有关行政机关违法行使职权或者不作为的相关证据及有关情况：①调阅、复制行政执法卷宗材料；②询问行政机关有关人员以及行政相对人、利害关系人、证人等；③收集书证、物证、视听资料等证据；④咨询专业人员、相关部门或者行业协会等对专门问题的意见；⑤委托鉴定、评估、审计；⑥勘验物证、现场；⑦其他必要的调查方式。

[1] 《实施办法》第6条第2款、第33条第2款。

案有关材料和法律文书",还规定了当事人的委托代理人、诉讼代理人"有权调查收集证据,可以查阅本案有关材料"的权利。在《行政诉讼法》中,原告虽然没有证明行政行为违法的举证责任,但也可以"提供证明行政行为违法的证据"(《行政诉讼法》第37条),还可以对与自己有关的问题和事实收集证据。可见,普通原告在诉讼中证据收集权的重要特点就是查阅、复制以及必要的调查权。由此也可以推出,检察机关的调查取证方式与内容也与此相同。

紧接着,《公益诉讼司法解释》第6条更加明确地指出了检察机关调查取证的权利,即"人民检察院办理公益诉讼案件,可以向有关行政机关以及其他组织、公民调查收集证据材料;有关行政机关以及其他组织、公民应当配合;需要采取证据保全措施的,依照民事诉讼法、行政诉讼法相关规定办理"。该条虽然说检察机关可以调查取证,但也同样没有体现出检察机关的调查取证权与普通原告到底有什么区别;虽然说有关行政机关以及其他组织、公民应当配合,但在不配合时,却没有规定检察机关可以采取的手段,没有明确对不配合的情形科以任何法律责任或强制措施。特别是在提到检察机关需要采取证据保全措施时,《公益诉讼司法解释》使用的是"依照民事诉讼法、行政诉讼法相关规定办理"。如果认真研究这两个法律中对证据保全措施的规定,就会发现,《行政诉讼法》第42条规定是"在证据可能灭失或者以后难以取得的情况下,诉讼参加人可以向人民法院申请保全证据";《民事诉讼法》第84条也同样规定了类似的内容,并特别规定"因情况紧急,在证据可能灭失或者以后难以取得的情况下,利害关系人可以在提起诉讼或者申请仲裁前向证据所在地、被申请人住所地或者对案件有管辖权的人民法院申请保全证据",同时,《民事诉讼法》还设置专门章节规定了证据保全的其他程序。因此,《公益诉讼司法解释》第6条所规定的"依照民事诉讼法、行政诉讼法相关规定办理",使得检察机关的调查取证权与普通原告相关证据收集权利没有什么区别。

后来,最高人民检察院与国家相关部门联合出台了《关于在检察公益诉讼中加强协作配合依法打好污染防治攻坚战的意见》,[1]但在调查取证方面,也只是规定了"建立沟通协调机制……对于重大敏感案件线索,应及时向被监督行政执法机关的上级机关通报情况",并要求"行政执法机关应积极配合检察机关调查收集证据"。这种倡导性的规定,不能从根本上解决检察机关调查取证问题,被形象地称为"'柔性'协作机制"。[2]

可以说,在公益诉讼中,检察机关作为公益诉讼起诉人,其调查取证权没有超出民事诉讼原告和行政诉讼原告收集证据的权限范围,检察机关的调查取证权非常狭小,"检察机关开展公益诉讼存在法定调查手段欠缺"[3]的现象,由此造成公益诉讼案件中调查取证难度很大,实践中对一些秘密生产的违法企业,检察人员很难进入厂内调查取证,甚至出现暴力妨碍取证的恶性事件。检察机关在公益诉讼中的调查取证权

---

[1] 由最高人民检察院、生态环境部及国家发展和改革委员会、司法部、自然资源部、住房城乡建设部、交通运输部、水利部、农业农村部、国家林业和草原局于2019年1月2日联合印发。

[2] 王晓航、张源:"行政公益诉讼诉前程序需要'优化'",载《检察日报》2019年3月21日。

[3] 参见朱宁宁:"破解公益诉讼线索难取证难鉴定难",载《法制日报》2019年3月15日。

没有体现出与普通原告的差异性，仅有社会认可度不高的调查核实权，不具有强制权，已经不适应公益诉讼案件办理的现实需要。

二、公益诉讼的现实要求检察机关拥有更大的调查取证权力

（一）保护公共利益的职责要求赋予与之相匹配的调查取证权

尽管民事公益诉讼与行政公益诉讼在保护利益方面有所差异，在民事公益诉讼中，检察机关是为了防止侵害众多消费者合法权益等损害社会公共利益，体现了被保护利益的公益性；在行政公益诉讼中，是为了国家利益或者社会公共利益免受侵害。但无论是民事公益诉讼还是行政公益诉讼，公共利益是其共同的保护对象。也就是说，在公益诉讼中，检察机关不是为了本单位的利益，而是为了公共利益，检察机关没有从公益诉讼中获得任何好处，特别是经济方面的利益。那种认为检察机关在公益诉讼中有着追求胜诉结果的"自身利益"的说法，[1]显然是不正确的。检察机关在保护公共利益方面，具有不可推卸的职责，与普通原告可以放弃自己诉讼请求和利益有着本质区别。法律赋予检察机关的法律监督权，是权力与责任同时并存，既是检察机关的权力，也是检察机关的责任，不可放弃，无论检察机关是否愿意，都必须履行法律赋予的职责。

有人认为，在普通民事诉讼和行政诉讼中也有检察监督，是检察机关对审判权的监督，是为了实现司法公平，但并没有

---

[1] 参见洪浩、邓晓静："公益诉讼中检察权的配置"，载《法学》2013年第7期，第119页。

第四章 调查取证权的赋予

赋予检察机关过大的调查取证权,因而,在公益诉讼中,没有充分的理由赋予检察机关比民事诉讼和行政诉讼监督中更多的调查取证权。其实,这种看法没有充分区分公益诉讼与普通诉讼的差异性。民事诉讼和行政诉讼中的检察监督一般是在法院裁判已经生效后的监督,首先,是在法院对已有事实和证据没有作出公正认定或又出现新证据的情况下进行的,一般不需要检察机关进行过多的证据调查。比如,通过审查现有的审判卷宗就可以看出法院的裁判是否公平公正,或当事人向检察机关提出了新的证据材料而启动了检察监督程序。而公益诉讼中的调查取证则是在尚未向法院提出公益诉讼之前,要获得充分证据才能证明相关机关或组织存在违法情形,因此,对证据的要求难度和程度有很大的不同,没有充分的调查取证权就不可能高质量地启动公益诉讼的程序。其次,对普通民事和行政诉讼的检察监督在理论上虽有对审判权监督和维护司法公平的目的,但主要是着眼于个案,维护的是个体利益,往往是应当事人申请而进行的监督,是在对当事人合法权益维护的过程中,达到对法治公平的维护和实现;而且,出于对普通诉讼中当事人利益个体性特点和地位相对平等性的考虑,检察机关不能有太多的调查取证权,"检察监督不能使当事人在再审程序中诉讼地位和实力对比失衡,以至于可能导致一方当事人不能有效维护其合法权益"。[1] 而公益诉讼从一开始就直接向保护公共利益的目标进行,检察机关要通过获取充分的证据来主动维护公共利益不受侵害。因此,检察机关在公益诉讼中所具有的职

---

[1] 翁晓斌、方文晖:"论民事检察监督制度的现实合理性",载《人民检察》2001年第4期,第8页。

责不仅与普通原告有本质区别，还与其在民事诉讼监督和行政诉讼监督中所承担的责任有所不同。

有什么样的职责，就应当被赋予什么样的权力。检察机关承担保护公共利益的职责，赋予其较大的调查取证权，这是职与权相一致的体现。诉讼是依靠证据作为支撑的，没有证据，就无法证明相关机关、组织的违法行为，更无法证明它们的违法行为对公共利益所带来的损害结果，也就达不到促使相关机关、组织纠正违法行为的目的和效果。特别是检察机关在提起公益诉讼前，要通过证据证明违法行为的存在。例如，在民事公益诉讼中，要向法院提交"被告的行为已经损害社会公共利益的初步证明材料"；在行政公益诉讼中，要向法院提交"被告违法行使职权或者不作为，致使国家利益或者社会公共利益受到侵害的证明材料"，如果因为没有较大的调查取证权而不能获得足够的证据，就可能眼睁睁地看到相关机关或组织存在损害公共利益的行为，却因为证据不足问题而无法达到保护公共利益的目的，这是公益诉讼制度当初设计和现实实施中所不希望看到的结果。因此，检察机关在公益诉讼中调查取证权的被赋予，与其所承担的职责紧密相连的，是公共利益保护的需要，是与检察机关保护公共利益相适应的权力。赋予与检察机关保护公共利益职责相对应的调查取证权，已经成为公益诉讼制度进一步发展的必然要求，也是现实中众多检察机关的一致呼声。

(二) 公益诉讼所涉事项的复杂性需要赋予检察机关更大的调查取证权

公益诉讼案件一般比较复杂，而且要解决的往往是一些历史遗留问题，取证难是一个不可回避的现实问题。

第四章 调查取证权的赋予

从公益诉讼受案的范围看，民事公益诉讼受案范围有"生态环境和资源保护、食品药品安全领域"，行政诉讼受案范围有"生态环境和资源保护、食品药品安全、国有财产保护、国有土地使用权出让等领域"，此外，其他法律、法规中还增加了侵害英雄烈士的姓名、肖像、名誉、荣誉的行为，进出口商品质量安全违法行为。[1]这些领域涉及的问题都非常复杂，证据收集本身就很难。特别是在环境公益诉讼中，调查取证更加困难。由于环境污染本身具有成因的复杂性、表现的潜伏性和结果的易变性，再加上环境污染案件的调查对象是企业与污染区域，检察人员到现场实地勘察过程中，常常遇到拒绝配合的问题，造成取证困难。[2]一些调查对象出于自身利益的考虑，往往在检察机关调查取证时采取各式各样的方式不予配合甚至阻挠；有的行政机关以经济建设、招商引资等为由，要求检察机关不要介入调查；有的被调查对象很难寻找；有的被调查对象也同意与检察机关见面并配合调查，但他们往往以种种理由不予提供证据材料或只提供对自己有利的证据。[3]更有甚者，"当检察官就违法主体、情节、责任、损害后果等情况进行调

---

[1] 2017年9月国务院出台了《关于完善进出口商品质量安全风险预警和快速反应监管体系切实保护消费者权益的意见》，在第15项工作任务中提出：加强重点领域质量安全公益诉讼工作。决定由最高人民检察院牵头，最高人民法院、司法部、环境保护部、质检总局、食品药品监管总局按职责分工负责，开展检察机关依法在食品药品安全、生态环境和资源保护等领域的民事公益诉讼和行政公益诉讼。共同惩治危害健康安全、财产安全、环境安全等损害国家利益和社会公共利益的进出口商品质量安全违法行为。

[2] 参见倪桂芹："保障调查核实权提高取证质效"，载《检察日报》2018年6月24日。

[3] 参见曹军："论民事公益诉讼中检察机关的调查取证权"，载《探求》2017年第6期，第65~71页。

查取证时，存在被调查单位或者个人以暴力、威胁或者其他方法干扰、阻碍甚至聚众围攻、限制人身自由、抢夺破坏调查设备等安全风险，妨碍调查情形时有发生，影响公益诉讼检察职能的正常履行，基层检察机关反映强烈"。[1]由于检察机关没有较大的调查取证权，不能对不配合调查取证的情形采取强制措施，在面临部分行政机关、组织或个人的不配合甚至抵触时无可奈何。实践证明，在利益博弈较为尖锐的公益诉讼中，检察机关因调查取证权的弱小而难以有效破解相关机关、组织和个人不予配合的难题。[2]

调查取证难问题成为检察机关公益诉讼中的焦点和难点，为了克服这些难点，各地纷纷想方设法出奇招，例如，某地与监察委员会联合制定了《关于加强公益诉讼工作协作配合的实施办法（试行）》，[3]以保障调查取证权；有的使用区块链和卫星遥感技术、[4]无人机[5]等解决调查取证难问题。然而，即使使用这些手段，实际上如果没有法律的明确规定，也属于打擦边球的做法，可能存有违法之嫌。

---

[1] 详见闫晶晶："四位女代表谈公益诉讼"，载《检察日报》2019年3月8日。

[2] 参见张贵才、董芹江："公益诉讼调查核实程序有待完善"，载《检察日报》2016年9月18日。

[3] 李君超："江苏江阴：多举措破解公益诉讼调查取证难"，载《方圆》2018年第24期，第70页。

[4] 详见周晶晶、汪光吉、陈默："利用卫星遥感技术破解取证难题"，载《检察日报》2018年6月8日。

[5] 详见李轩甫："海南检察机关'公益诉讼+智慧检务'破解取证难 今年已立案169件"，载 https://mp.weixin.qq.com/s?__biz=MzU1MDEzNDU5OQ%3D%3D&idx=2&mid=2247487095&sn=dac73cb4e8d42fe206885f735681fffb，最后访问日期：2020年4月16日。

（三）较大调查取证权是自侦权剥离后检察机关摆脱困境的需要

在监察体制改革之前，检察机关具有反贪反渎预防等职能，可以对职务犯罪进行自侦，不仅可以通过查处职务犯罪获得公益诉讼案件的线索，也可以通过提起公益诉讼发现犯罪线索并及时移交给相关部门查办。因此，那时的检察机关在办理公益诉讼案件过程中，尽管调查取证手段只有调阅、询问等方式，但由于具有查处职务犯罪的职权，检察机关的介入，往往对被调查对象具有较大的震慑力。当检察机关前往调查取证时，相关单位一般都会积极配合，但其所害怕的不是被提起公益诉讼，而是害怕被发现犯罪案件线索。然而，随着国家监察体制改革的完成，检察机关的查处贪污贿赂、失职渎职以及预防职务犯罪等相关职能被整合至监察机关，检察机关所具有震慑力的几个权力已经被剥离出去，让被调查对象害怕的权力已经不存在，在这种情况下，被调查对象不予配合，或表面上配合但并不提供检察机关所需要的证据材料的现象时有发生，给检察机关调查取证带来了现实困境，也给公益诉讼制度的实施带来了较大困难。因此，赋予检察机关较大的调查取证权，是监察体制改革后，缓解检察机关现实困境的较好办法，也是公益诉讼制度得以顺利实施的重要保证。

当然，在赋予检察机关较大调查取证权的同时，人们所担心的是权力滥用问题。其实，这种担心是多余的。由于检察机关在公益诉讼中没有其单位的私利，只是为了保护公共利益，无论胜诉还是败诉，都不会给检察机关自身带来任何经济上的利益。检察机关所处的客观公正的地位，使其在公益诉讼中不会偏袒任何公民法人和社会团体，是否起诉，完全取决于公共利益是否受到侵害,[1]没有经济利益的获取往往是客观公正的重要基础和前提。在这种情况下,检察机关的调查取证就更为客观、公正,不会像普通原告那样,为了自己个人利益而有倾向性地收集证据,会剔除对自己不利的证据。因此,没有自己利益的特点使得检察机关不会为了提起公益诉讼而提起公益诉讼,更不会为了提起公益诉讼而滥用调查取证权,赋予检察机关较大的调查取证权不会导致权力滥用,这也是可以赋权的重要原因。而且,在赋予检察机关较大调查取证权的同时,还要通过权力行使相关程序进行规制,不会允许任何权力有滥用的机会。

三、通过多种方式赋予检察机关更大的调查取证权力

《公益诉讼司法解释》虽然明确地赋予了检察机关作为公益诉讼起诉人与普通原告不同的权力,[2]但却没有赋予其较大的调查取证权,出现了法律身份与其权力相脱节的现象,甚至将公益诉讼起诉人在调查取证方面与普通原告同等对待。

(一) 赋予检察机关必要的司法强制权

有什么样的法律地位就应当享有什么样的权力,既然已经明确了检察机关公益诉讼起诉人的法律地位,就应当同时赋予其相应的权力,特别是调查取证方面的较大权力。"检察机关的调查取证权必须具有一定的强制力,不予配合调查取证的单位和个人应受到一定措施的处罚,以保证检察机关法律监督职

---

〔1〕 参见唐震:"行政公益诉讼中检察监督的定位与走向",载《学术界》2018年第1期,第150~164页。

〔2〕 例如,法院开庭前向检察机关送达的被称为"出庭通知书",不同于对普通原告所使用的传票,等等。

能的顺利实施"[1]这一点，公益诉讼应当像刑事诉讼中检察机关职责与调查取证权相对应那样。在刑事诉讼中，检察机关具有追究犯罪、保护公民免受犯罪侵害的职责，由此，《刑事诉讼法》也赋予了检察机关较大的调查取证权，有效保障了检察机关切实履行了惩治犯罪、法律监督、保护权益的职责，进而保障了国家安全和社会公共安全、维护了社会秩序。

司法强制权的内容较为广泛，在不同诉讼领域中，其内容也不相同。例如，在刑事诉讼中，司法强制权主要是对犯罪嫌疑人或被告采取的人身自由的限制或剥夺，包括拘传、取保候审、监视居住、拘留、逮捕等；在民事诉讼中，法院也有拘传、罚款、拘留，特别是针对伪造和毁灭重要证据、有关单位拒绝或者妨碍调查取证等的行为，都会被采取强制措施等。而考虑到公益诉讼毕竟不同于惩治犯罪，不可能照搬刑事诉讼领域的司法强制权，其可以采取的强制措施种类与强度也要与刑事诉讼有所区别。

在公益诉讼中，赋予检察机关与之相适应的司法强制权，主要是对相关财产的司法强制权。具体而言，首先，检察机关在向相关机关以及其他组织、公民调查取证时，相关单位或个人应当配合而没有配合的，检察机关认为必要时，有权采取查封、扣押、冻结财产等强制性措施收集证据，但不得对公民的人身自由采取强制措施。这是由于在公益诉讼中，没有刑事诉讼中的对人身和法益的直接和迫切的危险性，没有必要赋予检察机关对人身自由进行强制的权力。这种赋权不仅从根本上解

---

[1] 曹军："论民事公益诉讼中检察机关的调查取证权"，载《探求》2017年第6期，第67页。

决了公益诉讼取证难问题，而且也体现了公益诉讼中调查取证权的特点，不同于其他诉讼中的调查取证强制权。其次，调查取证过程中，如果发现相关机关工作人员违法犯罪线索的，可以移交给同级监察委员会处理；对于相关单位或个人故意毁灭重要证据，构成犯罪的，可以依法移送处理。这种制度设计，在赋予检察机关较大调查取证权的同时，也打通了监察委员会查处职务犯罪的通道，打通了其他机关查处犯罪的通道，将会在一定程度上加大检察机关的调查取证权，为获取公益诉讼所需要的证据打下较好基础。

当然，在规定检察机关调查取证强制权的同时，也要进行适当的限制，即要列举出可以采取强制权的条件，只有在出现这些条件时才可以使用，否则，不能使用。这些条件应当包括：一是检察机关有线索表明相关机关、组织或个人拥有证据而拒不提供或不予配合的；二是这些证据在证明相关机关或组织违法，或对公共利益造成损失的事实具有主要或决定作用，而对于其他次要的证据，则不宜采取司法强制措施；三是除了采取司法强制措施外，检察机关没有其他办法可以获得这些证据，体现了运用司法强制措施调查取证的比例原则。当这些条件具备时，检察机关要按照实施强制调查取证权时应当具备的程序和要求进行，一般要经过严格的批准程序，需要经过检察长批准。严格的批准程序可有效防止滥用，避免影响司法权威和司法公信力。

（二）赋予检察机关可以要求相关机关或组织对其行为进行举证的权力

赋予检察机关要求相关机关或组织举证的程序权力，将从另一个方面加大检察机关的调查取证权，为检察机关解决公益诉讼调查取证问题创造更多条件。这里可分为行政公益诉讼与民事公益诉讼两种情形来阐述。

对于行政公益诉讼而言，这是行政诉讼程序中行政机关举证责任倒置制度的前移。在行政诉讼中，大部分的证据都掌握在行政机关中，被告行政机关对所作出的行政行为负有举证责任，必须提供其行政行为合法性的事实证据和所依据的规范性文件，并要求在规定的时间内进行举证。如果行政机关没有举证或没有在规定的时间内举证，将可能面临败诉的风险，以此促进行政机关及时举证。可以将该举证责任倒置的制度引入行政公益诉讼的检察机关调查取证中来。即在检察机关难以通过调查取证的方法获得所需要的证据，但又有许多迹象表明行政机关存在违法或不作为的行为时，检察机关应当有权要求行政机关在诉前程序阶段对其行政行为进行举证，要求行政机关来证明自己没有违法行使职权或已经履行了法定职责。通过行政机关的自我合法的证明，为检察机关获得所需要的证据提供条件。

对于民事公益诉讼而言，是民事诉讼特殊举证责任制度的前移。在民事诉讼中，通常遵守的是"谁主张，谁举证"原则，但也有特殊的举证责任规则，即2008年最高人民法院《关于民事诉讼证据的若干规定》所规定的特殊侵权举证责任，规定了八类情形由侵权者承担举证责任。[1]值得注意的是，在

---

〔1〕 2008年最高人民法院《关于民事诉讼证据的若干规定》第4条第1款规定，下列侵权诉讼，按照以下规定承担举证责任：①因新产品制造方法发明专利引起的专利侵权诉讼，由制造同样产品的单位或者个人对其产品制造方法不同于专利方法承担举证责任；②高度危险作业致人损害的侵权诉讼，由加害人就受害人故意造成损害的事实承担举证责任；③因环境污染引起的损害赔偿诉讼，由加害人就法律规定的免责事由及其行为与损害结果之间不存在因果关系承担举证责任；

这八类情形中,"因环境污染引起的损害赔偿诉讼""因缺陷产品致人损害的侵权诉讼"的情形,与民事公益诉讼的"生态环境和资源保护""食品药品安全"具有一定的契合性,民事诉讼这种特殊举证责任规则虽然不能直接适用于民事公益诉讼,更不能必然适用于民事公益诉讼提起前的诉前程序,但却可以通过改造和完善,为检察机关要求相关组织举证提供一定的基础。

无论是行政诉讼的举证责任倒置,还是民事诉讼的特殊侵权举证规则,都是在进入诉讼程序后进行的,而在检察机关正式向法院提起公益诉讼之前的诉前程序阶段,要求相关机关、组织就有关事项进行举证,需要找一个可以利用的机制或平台来实现,而这个机制或平台可以借鉴民事诉讼中的证据交换机制或平台来进行。在民事诉讼中,庭审前证据交换程序,是指应当事人的申请或法院认为证据较多或案件较为复杂疑难时,双方当事人在法院主持下将各自的证据在规定时间内相互呈现,并相互质证,由此,排除无关证据材料,可以有效节约开庭时举证质证时间,提高庭审效率。而且,按照证据交换规则,当事人没有进行证据交换的,将导致举证失权,无正当理由的,没有交换的证据将不作为庭审裁判的依据。"通过证据

(接上页)④建筑物或者其他设施以及建筑物上的搁置物、悬挂物发生倒塌、脱落、坠落致人损害的侵权诉讼,由所有人或者管理人对其无过错承担举证责任;⑤饲养动物致人损害的侵权诉讼,由动物饲养人或者管理人就受害人有过错或者第三人有过错承担举证责任;⑥因缺陷产品致人损害的侵权诉讼,由产品的生产者就法律规定的免责事由承担举证责任;⑦因共同危险行为致人损害的侵权诉讼,由实施危险行为的人就其行为与损害结果之间不存在因果关系承担举证责任;⑧因医疗行为引起的侵权诉讼,由医疗机构就医疗行为与损害结果之间不存在因果关系及不存在医疗过错承担举证责任。

的交换,能够确保案件当事人充分了解对方的主张和证据,并据此确定自己的对抗策略,针对对方证据,收集相应反驳证据的权利,最大限度地创造公平对抗的诉讼格局,体现公正理念。"〔1〕民事诉讼中的庭前证据交换的要求主体是法院,而在公益诉讼中,要求的主体是检察机关。

检察机关在向法院提起公益诉讼前,要求相关机关、组织对自己的行为进行举证,相关机关、组织必须通过举证来证明以下事项:行政机关要证明其没有违法行使职权或没有不作为,或者已经纠正了违法行为或已经履行了法定职责;相关组织或单位要证明具有可以免除责任的事由,或其行为与损害结果之间不存在因果关系。如果相关机关、组织没有及时举证,也将被视为没有证据,在检察机关提起公益诉讼后,法院应按照没有相应证据来对待。

这种赋予检察机关要求相关机关、组织在诉前程序中进行举证的权力,不仅可以使得更多案件在诉前程序中得以解决,更主要的是加大了检察机关调查取证的权力,为其保护公共利益提供坚实的保障。

(三) 通过立法方式赋予检察机关更大的调查取证权

《民事诉讼法》和《行政诉讼法》没有对检察机关在公益诉讼领域的调查取证权作出明确规定,而《公益诉讼司法解释》毕竟效力层次不高,且有自我授权之嫌疑。检察机关调查取证权应当通过立法的方式进行明确赋予。因为检察机关的权力属于公权力,公权力的每一个获得都必须有明确的法律依

---

〔1〕 李志平:"庭前证据交换中法官的释明权及运用",载 https://www.chinacourt.org/article/detail/2016/11/id/2333365.shtml,最后访问日期:2020年7月16日。

据。尽管检察机关在其他法律中被授予了较大的权力，包括调查取证权，例如，在刑事诉讼中，检察机关拥有广泛的权力，包括拘传、取保候审、监视居住、拘留、逮捕等权力，但这些权力只适用于检察机关在刑事诉讼领域中，并不自动适用于其在公益诉讼领域中；又如，《人民检察院民事诉讼监督规则（试行）》在第65条至第73条也规定了检察机关的调查核实权，但这些规定同样只适用于检察机关在民事诉讼监督之中，也并不必然地适用于公益诉讼中检察机关调查取证。同样，《行政诉讼法》所规定的行政机关举证责任倒置制度只在诉讼过程中适用，如果要适用于诉前程序，还需要法律的支持；虽然最高人民法院《关于民事诉讼证据的若干规定》规定了特殊侵权的举证责任，但"由于立法、司法解释的滞后性，可能有些应当适用特殊举证责任的情形没有得到明确规定"，[1]而且也并不必然适用于提起公益诉讼前的程序，还需要立法进一步规定和明确。特别公权力机关对法律的适用不能采取类推的方式来自动获得相关权力，检察机关在其他领域中可以行使的调查取证权，在公益诉讼领域中，如果没有法律的明确规定，也是不能行使的，[2]必须有法律的明确的、专门的授权。

---

〔1〕 岳金矿、郭兴莲、那娜："检察机关提起公益诉讼制度设计"，载《人民检察》2015年第17期，第52页。

〔2〕 值得注意的是，近年来有些检察机关在挖掘现有法律、政策资源上下功夫。例如，在法律方面，挖掘和运用了《刑法》中的妨害公务罪、《治安管理处罚法》中"阻碍国家机关工作人员依法执行职务"行为的规定；在政策方面，挖掘和运用了《保护司法人员依法履行法定职责规定》《领导干部干预司法活动、插手具体案件处理的记录、通报和责任追究规定》等规定。但笔者认为，这种对法律、政策资源挖掘的方法不能从根本上解决检察机关在公益诉讼中调查取证权问题，特别是不能解决检察机关调查取证中司法强制权问题，必须以法律规范的形式明确赋予。

第四章　调查取证权的赋予

为此，需要全国人大常委会通过立法或作出决定的方式明确赋予检察机关在公益诉讼中的调查取证权，并对调查取证权的行使条件、程序作出明确规定，赋予检察机关在必要条件下，可以采取司法强制措施进行取证；明确应检察机关的要求，行政机关必须在诉前程序中对行政行为的合法性或已经履行了法定职责等进行举证；应检察机关的要求，相关组织或单位必须在诉前程序中对其行为可以免责的事由或与损害结果没有因果关系进行举证。在此基础上，检察机关再通过司法解释的方式进一步细化，以解决检察机关在公益诉讼中的调查取证权问题。

第五章
规范性文件附带审查制度构建

在检察机关提起行政公益诉讼时，能否一并提起行政规范性文件附带审查请求？在现行法律及相关司法解释中能否解释出行政公益诉讼对行政规范性文件附带审查的相关依据？或行政公益诉讼能否直接适用《行政诉讼法》中有关行政规范性文件附带审查的规定？如果法律没有作出明确规定且不能直接适用《行政诉讼法》中规范性文件附带审查制度，那么，在行政公益诉讼中是否需要构建新的对行政规范性文件附带审查制度？换言之，构建对行政规范性文件附带审查有何必要性和现实需求？有无必要建立专门的行政公益诉讼规范性文件附带审查制度？以及由此而来的行政公益诉讼规范性文件附带审查制度应当包括哪些具体内容等。

目前，对行政公益诉讼制度的各方面基本上都有了研究，但对行政公益诉讼中能否对行政规范性文件一并提出附带审查，还未发现相关研究成果。而实际上，随着行政公益诉讼制度的进一步发展和对公共利益保护的加强，必然涉及对规范性文件附带审查问题。为此，本书试图进行研究。

一、行政公益诉讼规范性文件附带审查制度的法律缺失

相关法律不仅没有为行政公益诉讼中检察机关对规范性文件直接进行监督提供法律依据,而且,也没有对行政公益诉讼对规范性文件附带审查提供明确的法律依据,这从《行政诉讼法》及其司法解释以及相关文件中可以得到证明。

(一)行政公益诉讼条款没有关于规范性文件附带审查的规定

有关行政公益诉讼的法律条款主要体现在《行政诉讼法》第25条第4款[1]之中,但该条款只规定了检察机关提起行政公益诉讼的范围、违法行政行为的形态、所保护的利益性质以及诉前程序等,而没有对检察机关提起行政公益诉讼时是否可以对规范性文件进行监督和提出对行政行为所依据的规范性文件合法性审查问题作出规定。而且,这里的"违法行使职权或者不作为",只能解释出具体行政行为,而很难解释出抽象行政行为,也不能解释出可以对规范性文件提出附带审查请求。没有明确规定也就意味着不能附带提起,或者说没有附带提起的法律依据。

实际上,在行政公益诉讼制度试点期间,也没有设计对违法规范性文件的纠正问题。自2015年7月1日起为期2年的行政公益诉讼试点期间,最高人民检察院就发布了不少文件予以指导,包括:2015年7月最高人民检察院发布的《检察机关提起公益诉讼改革试点方案》,该试点方案规定的是"检察机关

---

[1]《行政诉讼法》第25条第4款规定:人民检察院在履行职责中发现生态环境和资源保护、食品药品安全、国有财产保护、国有土地使用权出让等领域负有监督管理职责的行政机关违法行使职权或者不作为,致使国家利益或者社会公共利益受到侵害的,应当向行政机关提出检察建议,督促其依法履行职责。行政机关不依法履行职责的,人民检察院依法向人民法院提起诉讼。

可以向人民法院提出撤销或者部分撤销违法行政行为、在一定期限内履行法定职责、确认行政行为违法或者无效等诉讼请求",所指向的对象是行政机关具体行政行为;2015年12月发布的《实施办法》继续作相同的表述。[1]

(二) 司法解释没有对行政公益诉讼附带审查制度作出解释

当法律规定过于原则时,司法解释往往能起到明确甚至补充的作用。然而,从行政诉讼法和行政公益诉讼的既有司法解释中,不仅没有找到行政公益诉讼对规范性文件监督的法律依据,也没有找到可以附带审查的依据。有关《行政诉讼法》的司法解释有两个:一是2018年施行的最高人民法院《关于适用〈中华人民共和国行政诉讼法〉的解释》(以下简称《行政诉讼法司法解释》),[2]该司法解释对规范性文件附带审查制度进行了细化,尤其是以专门一节"规范性文件的一并审查"来解释该问题。但仍然是站在相对人作为原告的角度进行解释,而没有对行政公益诉讼的相关条款作出解释,没有对规范性文件附带审查制度能否适用于行政公益诉讼作出任何解释。紧接着权威专家的解读,也明确了"有关行政公益诉讼的问题,最高人民法院也决定制定专项司法解释,《行诉解释》中亦未作规定",[3]这也就意味着有关行政诉讼规范性文件附带审查制度的司法解释不能适用于行政公益诉讼中规范性文件的

---

〔1〕《实施办法》(2015年12月16日由最高人民检察院第十二届检察委员会第四十五次会议通过)第43条。

〔2〕 该司法解释于2017年11月13日由最高人民法院审判委员会第1726次会议通过,自2018年2月8日起施行。

〔3〕 江必新:"论行政诉讼法司法解释对行政诉讼制度的发展和创新",载《法律适用》2018年第7期,第9页。

附带审查问题，或者说，没有对行政公益诉讼能否一并提起规范性文件附带审查问题作出解释。二是 2018 年施行的《公益诉讼司法解释》，除了对公益诉讼制度作出一般性规定，包括检察机关公益诉讼人身份、案件管辖、调查收集证据、执行等，还对行政公益诉讼制度进行了专门解释，包括诉前程序、向法院提交的材料、立案方式、法院判决等，但也没有提到能否对行政规范性文件进行监督、能否对规范性文件提起附带审查的问题。

(三) 最高人民检察院关于检察建议运用的规定没有将规范性文件作为对象

为了更好地发挥检察建议的作用，最高人民检察院 2018 年通过了《人民检察院检察建议工作规定》，[1]该规定对检察建议的类型、适用范围等都作了规定。首先，规定检察建议的类型包括：再审检察建议、纠正违法检察建议、公益诉讼检察建议、社会治理检察建议、其他检察建议，说明这里包括了行政公益诉讼中可以提出建议检察；其次，在检察建议的适用范围中，分别对上述检察建议的适用范围作出了规定，例如，在公益诉讼建议适用的范围中，尤其是对公益诉讼适用的检察建议，基本上没有脱离行政诉讼法规定的范围。[2]可见，即使是检察建议的运用，也没有考虑到对违法的规范性文件发出检察

---

[1]《人民检察院检察建议工作规定》于 2018 年 12 月 25 日由最高人民检察院第十三届检察委员会第十二次会议通过，2019 年 2 月 26 日最高人民检察院公告公布，自公布之日起施行。

[2]《人民检察院检察建议工作规定》第 10 条：人民检察院在履行职责中发现生态环境和资源保护、食品药品安全、国有财产保护、国有土地使用权出让等领域负有监督管理职责的行政机关违法行使职权或者不作为，致使国家利益或者社会公共利益受到侵害，符合法律规定的公益诉讼条件的，应当按照公益诉讼案件办理程序向行政机关提出督促依法履职的检察建议。

建议的规定,更没有规定在行政公益诉讼中对规范性文件运用检察建议的情形。

(四) 没有发生一起行政公益诉讼规范性文件附带审查的完整案例

法律规定的缺失以及随后司法解释、最高人民检察院文件的忽略,都使得行政公益诉讼对规范性文件监督或附带审查问题缺乏法律依据,由此,也造成现实中此类案例的严重缺乏。从行政公益诉讼制度试点到正式入法和在全国全面推行期间,发生了数量可观的行政公益诉讼案件,除大部分通过诉前程序得以解决外,也有一部分进入了法院的审理程序,并形成了较为典型的案例。在中国裁判文书网将"行政公益诉讼"的关键词输入,有关规范性文件附带审查的案例有 2253 件,[1]然而,再将"规范性文件一并审查"或"规范性文件附带审查"的关键词输入进行二次查询,没有发现一起这样的案件。又使用了另一种方式查询,即输入"行政案件""规范性文件附带审查""公益诉讼",查询结果仍然为零。而在行政诉讼规范性文件附带审查案件中,都是由作为行政相对人的原告提起的。可以说,无论是诉前程序已经解决的行政公益诉讼案件还是进入行政诉讼审理程序的案件,很少有行政公益诉讼涉及对规范性文件监督问题,包括直接监督和附带审查监督。仅有的一件即"湖南省常德市金泽置业有限公司等欠缴土地出让金公益诉讼案"[2]

---

[1] 统计数据截止到 2021 年 3 月 21 日。

[2] 2018 年 6 月,常德市检察院在履职中发现,原常德市国土资源局对金城公司、金泽公司、恒泽公司欠缴巨额土地出让金不依法履职。2018 年 8 月 13 日,常德市检察院向原常德市国土资源局发出诉前检察建议,督促其及时采取有效措施追缴金城公司、金泽公司、恒泽公司欠缴的土地出让金。

却因为没有走完全部审理程序而无法作为典型案例进行研究；而且由于没有明确的法律依据，检察机关通过检察建议方式对规范性文件进行监督的合法性本身也存在一定的疑问。[1]种种迹象表明，无论是法律的依据还是现实的运行，行政公益诉讼中规范性文件监督制度是缺失的，《行政诉讼法》在建立了行政公益诉讼制度的同时，却忽略了与此相关的规范性文件监督制度的建立。

二、构建行政公益诉讼规范性文件附带审查制度的理论证成

行政公益诉讼中不仅要对违法的行政行为进行监督，也要对该行政行为所依据的规范性文件进行监督，而通过附带审查的方式一并提起是最佳方式。由于行政公益诉讼与普通行政诉讼明显不同，无法直接适用普通行政诉讼的附带审查制度，而应当建立独立的行政公益诉讼对规范性文件的附带审查制度。

（一）构建附带审查制度更有利于检察机关通过行政公益诉讼方式对规范性文件进行监督

行政公益诉讼保护的是国家利益或社会公共利益，"有利于更好地保护国家利益和社会公共利益……是检察机关提起公

---

[1] 该案中，检察机关在对案件事实进行调查过程中，发现市住建局制定的《常德市市直管建设工程前期施工监管制度（试行）》存在违法情形：一是违反建筑法中关于建设单位在建筑工程开工前应取得施工许可证的要求；二是无发文对象、无发文日期；三是没有向社会公布，也未向政府法制部门备案。于是，检察机关向常德市人民政府法制部门发出检察建议，建议依法对市住建局制定的这一规范进行审查和处理，市政府法制部门采纳了检察建议，要求该局立即停止执行该文件，为此，市住建局废止了该规范性文件。参见"检察公益诉讼全面实施两周年典型案例"，载 http://news.jcrb.com/jxsw/201910/t20191010_2058601.html，最后访问日期：2021年2月5日。

益诉讼制度的着眼点",[1]"最核心的公益诉讼目的是保护公益,最基本的出发点是回应社会各界关切,特别是人民群众对侵害公共利益行为的关切"。[2]而每一个侵害国家利益或社会公共利益的违法行政行为背后往往都有着自己所谓的理由或依据,这些理由或依据往往以行政规范性文件或类似于规范性文件的形式表现出来,如果仅仅对受到侵害的公共利益本身进行救济,而不去追根溯源,不对违法的规范性文件进行纠正,就不能从根本上解决公共利益受侵害的现实问题,也无法真正保护和救济公共利益。

而且行政公益诉讼保护公共利益的目标和任务,也决定了必须加强对各类违法行政行为或不作为行为监督广度、力度和深度。"'红头文件'侵害公共利益的情况也屡见不鲜,亟需改正",[3]不仅要对通过具体行政行为体现出来的违法行政行为进行纠正,更要对违法行政行为依据的规范性文件进行有效监督,才能从根本上防止违法行政行为的再次发生;行政公益诉讼维护公共利益的目的性,决定了不仅要对具体行政行为进行诉讼,也要对与具体行政行为相关的规范性文件一并提出审查。"既然作为某类行政行为的'源头''依据'的行政规范性文件违法,那么,无论是基于检察机关维护公益的出发点,

---

[1] 详见王治国、郑博超、谢文英:"曹建明:检察机关提起公益诉讼有利于更好地保护国家利益和社会公共利益",载 http://www.sohu.com/a/151379332_267106,最后访问日期:2021年3月7日。

[2] 详见"官方解读检察机关提起公益诉讼制度入法",载 http://news.sina.com.cn/o/2017-06-27/doc-ifyhmtrw4227764.shtml,最后访问日期:2021年3月20日。

[3] 湛中乐:"正确厘清行政公益诉讼四个方面认识",载《人民检察》2015年第14期,第46页。

第五章 规范性文件附带审查制度构建

还是作为法律监督机关的属性以及督促行政机关依法行政,实现法治政府的法治目标,都应该赋予检察机关对于违法的行政规范性文件的具体全面的监督权。"[1]否则,就有治标不治本的嫌疑,难以真正收到对国家利益和社会公共利益保护的效果,更不能眼睁睁地看着与违法行使职权相关的规范性文件违法而不去设法纠正。

需要说明的是,在行政公益诉讼是否可以对规范性文件监督方面,虽然不乏赞同的观点,但对规范性文件如何监督,则有不同的主张。有不少学者是主张将其纳入受案范围,就像行政诉讼受案范围所列举的各类行政行为一样,直接将规范性文件列为行政公益诉讼受案范围,而不是附带审查。其实,这种主张在当下的背景下过于超前,也是很难实现的,这从我国其他救济方式中对待规范性文件的方式也可以看出。在我国的行政救济中,对规范性文件审查制度也并非个例。例如,《行政复议法》就规定了申请人在提起行政复议时,认为行政行为依据的规范性文件不合法的,可以一并提出申请申请,[2]是一种附带审查制度,而没有规定可以单独就规范性文件提出审查请求。行政机关系统内部的监督制度,都没有将规范性文件直接列为受案范围,更不要说行政系统之外的其他监督了。由此,普通行政诉讼对规范性文件采取的也是附带审查。

行政公益诉讼虽然是检察机关对行政权行使的监督,但还

---

〔1〕 王文惠、袁江:"针对行政规范性文件提出检察建议研究——基于某'欠缴土地出让金公益诉讼案'的思考",载《河北法学》2020年第7期,第156页。
〔2〕 《行政复议法》第7条第1款规定,公民、法人或者其他组织认为行政机关的具体行政行为所依据的下列规定不合法,在对具体行政行为申请行政复议时,可以一并向行政复议机关提出对该规定的审查申请:①国务院部门的规定;②县级以上地方各级人民政府及其工作部门的规定;③乡、镇人民政府的规定。

没有相关法律规定检察机关可以直接对规范性文件进行监督；而且在由法院审查案件的诉讼中，出于权力分工的原因，法院一般不能单纯直接对规范性文件进行审查，因此，也决定了检察机关不能通过直接对规范性文件提起诉讼的方式来对违法规范性文件进行监督，但可以通过对行政行为诉讼时附带提出对规范性文件审查的要求，通过行政公益诉讼规范性文件附带审查能更好发挥检察机关法律监督作用。实际上，对规范性文件的专门监督，属于立法监督的范畴，由制定机关的上级行政机关或权力机关进行立法监督，监督的方式包括备案审查等方式，这不是诉讼监督的范畴，因此，行政公益诉讼也不宜采取直接监督的方式，而最佳方式仍然是附带审查监督，即借鉴普通行政诉讼规范性文件审查制度，建立符合行政公益诉讼特点的规范性附带审查制度，通过合适的方式加强对规范性文件的监督。

（二）《行政诉讼法》已有规定的难以直接适用性决定了必须构建相对独立的行政公益诉讼规范性文件附带审查制度

也许有人认为，既然行政公益诉讼制度已经写入《行政诉讼法》之中，成为行政诉讼的一部分，也就意味着《行政诉讼法》的各类制度都可以适用于行政公益诉讼，当然也包括规范性文件附带审查制度也自然适用于行政公益诉讼。由此，检察机关在提起行政公益诉讼时，也可以一并提起规范性文件附带审查请求，无需再去论证。这种想当然的观点是站不住脚的，因为其没有对行政公益诉讼与行政诉讼之间的区别有明晰的认识，更没有认识到即使行政公益诉讼可以对规范性文件提起附带审查，也不同于行政诉讼的规范性文件附带审查。

第五章 规范性文件附带审查制度构建

《行政诉讼法》第53条第1款明确规定,"公民、法人或者其他组织认为行政行为所依据的国务院部门和地方人民政府及其部门制定的规范性文件不合法,在对行政行为提起诉讼时,可以一并请求对该规范性文件进行审查"。从该条规定中可以读出以下信息:

第一,提起的主体是行政行为的行政相对人。这里的"公民、法人或者其他组织"指的是行政行为中的相对人,虽然有"其他组织",但也不能包括提起行政公益诉讼的检察机关,因为检察机关不是行政行为的相对人,也没有在行政行为作出过程中与行政机关形成行政法律关系。换言之,关于附带审查的规范性文件条款所针对的是行政相对人,即原告在提起行政行为诉讼时,可以就行政行为所依据的规范性文件一并提起审查请求。由于作为原告的相对人与提起行政公益诉讼的检察机关具有明显的差异性,因此,该条款所包含的附带审查内容并不适用于行政公益诉讼。

第二,所提起附带审查的规范性文件与提起主体之间存在利害关系。该条所涉及的规范性文件,不仅与行政行为具有依附性,而且也与提起的主体存在利害关系,对提起主体的合法利益造成了侵害,提起的目的是通过消除规范性文件的依据作用而维护提起主体的私益。而检察机关在行政公益诉讼中没有自身利益,也不是为了本单位的利益而提起诉讼,尽管检察机关代表国家在维护国家利益或社会公共利益,但不能把国家利益或社会公共利益看成是检察机关自己的利益,其只是一种职务行为,显然行政规范性文件与提起主体之间的利害关系的情形并不适用于行政公益诉讼。

第三,对不合法的认定标准也不适用于行政公益诉讼。该条虽然没有对"不合法"的认定标准作出明确规定,但《行政诉讼法司法解释》对此作出了解释,[1]其中"违法增加公民、法人和其他组织义务或者减损公民、法人和其他组织合法权益的",仍然是从提起附带审查主体自身利益角度作出规定的,违法侵害原告合法权益是认定规范性文件违法性的重要判断标准之一。而行政公益诉讼并不涉及检察机关自身的义务和权益问题,也就无法从所谓的增加义务和减损权益的角度来评判规范性文件的合法性。

除了存在上述差异性外,还有以下不同。具体体现为:一是普通行政诉讼中的附带审查往往指向的是具体行政行为的规范性文件依据,而行政公益诉讼涉及侵害公共利益的可能是准行政行为或行政事实行为的规范性文件依据;二是普通行政诉讼所指向的多是作为的行政行为的规范文件依据,而行政公益诉讼更多的是不作为案件,附带审查所指向的也大多数是不作为的规范性文件依据;三是普通行政诉讼规范性文件与原告之间建立了较为直接的对应关系,规范性文件侵害了原告的合法权益,而行政公益诉讼中的规范性文件往往涉及第三方,比如是行政机关对相关违法人没有作出足够的处罚导致了公共利益的受损,而不是直接关联到作为提起主体的检察机关;四是具有客观诉讼性质的行政公益诉讼与以保护私利为主的行政诉讼规范性文件附带审查的不同。大陆法系在行政诉讼类型上有一

---

[1]《行政诉讼法司法解释》第148条第2款规定,有下列情形之一的,属于《行政诉讼法》第64条规定的"规范性文件不合法":①超越制定机关的法定职权或者超越法律、法规、规章的授权范围的;②与法律、法规、规章等上位法的规定相抵触的;③没有法律、法规、规章依据,违法增加公民、法人和其他组织义务或者减损公民、法人和其他组织合法权益的;④未履行法定批准程序、公开发布程序,严重违反制定程序的;⑤其他违反法律、法规以及规章规定的情形。

种分类，即主观诉讼与客观诉讼之分。[1]"主观诉讼的诉讼标的是违反主观的法律规则和法律地位的行为，而客观诉讼的诉讼标的是违反客观的法律规则和法律地位的行为。"[2]行政公益诉讼具有客观诉讼性质，不仅以公共利益为保护对象，还以维护法制的统一作为诉讼目标，"具有维护法制统一的功能"。[3]对规范性文件附带审查也自然与以主观诉讼为主要特征的普通行政诉讼有所区别。

可见，《行政诉讼法》中规范性文件附带审查制度并不想当然地涵盖了行政公益诉讼，更不能想当然地认为行政公益诉讼规范性文件附带审查制度建立与否已经成为无需论证的问题。实际上，行政公益诉讼表面上看是行政诉讼的一部分，至多算作一种特殊的形式，但实际上，两者存在许多差异，甚至有人认为，"行政公益诉讼不是行政诉讼"，[4]类似于"熊猫非猫"的意味。行政公益诉讼在规范性文件附带审查中无法直接适用普通行政诉讼附带审查的规则，不能直接套用普通行政诉讼规范性文件附带审查制度，必须按照行政公益诉讼自身特

---

[1] 最早作出此种实质性分类的是法国的狄骥，他根据所要讨论的问题性质将行政诉讼分为两类：一类是关于行政机关在与公民打交道时违反了应遵守的普遍适用的某些规则和法律，这便是客观诉讼；二是争论的问题是否关于违反了原告独享的某些权利，这便属于主观诉讼。参见 [英] L. 赖维乐·布朗、约翰·S. 贝尔：《法国行政法》（第5版），高秦伟、王锴译，中国人民大学出版社2006年版，第172页。

[2] 马立群："主观诉讼与客观诉讼辨析——以法国、日本行政诉讼为中心的考察"，载谢进杰主编：《中山大学法律评论》（第8卷·第2辑），法律出版社2010年版，第252页。

[3] 陈丽芳、郑璐："论客观诉讼之行政公益诉讼"，载《西部学刊》2019年第13期，第64页。

[4] 田一博："应当设计独立的行政公益诉讼制度"，载《东南大学学报（哲学社会科学版）》2020年第S1期，第70页。

点来设计其规范性文件附带审查制度，建立相对独立的规范性附带审查制度。

三、行政公益诉讼规范性文件附带审查制度构建的内容

在制度的框架方面，行政公益诉讼规范性文件附带审查制度与普通行政诉讼规范性文件附带审查制度具有一定的相似性，但在具体内容方面则具有较大差异。因此，可以借鉴普通行政诉讼规范性文件附带审查制度的框架，再根据行政公益诉讼的特点来设计行政公益诉讼规范性文件附带审查制度。

鉴于检察机关本身的法律监督职能，在即将建构的行政公益诉讼规范性文件附带审查制度中，应当从有利于检察机关监督的角度来设计附带审查制度，尤其是在附带审查的相关程序方面，应当对检察机关采取更为宽松的标准，以此达到对更多涉及公共利益的相关文件的监督和纠正。

（一）附带审查提起的时间

在普通行政诉讼中，提起附带审查的时间要求是在"对行政行为提起诉讼时"，而司法解释则进一步明确规定了是在"第一审开庭审理前"，有"正当理由的"，也可以在法庭调查阶段提出。也就是说，其一，只能在一审阶段提出，而不能在二审阶段提出；其二，原则上在开庭前提出，只有具有"正当理由的"，才可以后延到法庭调查阶段。然而，由于行政公益诉讼中检察机关没有经历普通行政诉讼的行政行为作出过程，也不可能提前知道所有相关的规范性文件，而且有些规范性文件可能会在不同的阶段出现，再加上行政公益诉讼保护公共利益的特点，因此，在提起的时间方面，应当不限于在起诉之时或

"正当理由"条件下的法庭调查结束之前，而应当贯穿于整个诉讼过程，甚至到二审阶段如果行政机关提出新的规范性文件依据或检察机关发现与案件相关的规范性文件存在违法问题，检察机关都可以提起附带审查请求。只要行政行为所依据的规范性文件可能存在合法性文件，就应当允许检察机关在任何阶段提出附带审查请求。也许有人认为，二审是针对一审进行的审判活动，如果检察机关提起的时间可以在二审阶段，就与二审制度审查的要求存在冲突。其实，这种观点对于事实审查是可以理解的，但对于规范性文件而言，尤其是对可能侵害国家利益和社会公共利益而言，则不应受到该规则的约束；而且本书所讲的允许在二审提出，也并非无条件的，主要是指在二审中行政机关提出新的规范文件依据时的情形，而并非指检察机关在一审该提出而未提出的情形。实际上，即使事实部分，如果二审时出现了新的事实，也是可能审查的，更何况对行政规范性文件呢？

当然，检察机关在诉前阶段发现了相关规范性文件存在违法情形，也就可以同时向相关制定机关提出检察建议，这与检察机关向行政机关提出纠正违法行使职权或不作为的检察建议情形是一样的，都算作行政公益诉讼诉前阶段的内容。如果行政机关不接受检察建议，检察机关在提起行政公益诉讼时，也就可以同时提出附带审查的请求，由法院对该规范性文件进行公正审查，作出认定结论。

(二) 对规范性文件的认定标准问题

这里涉及以下问题：

1. 对规范性文件的识别标准问题

从已有的案例来看，普通行政诉讼附带审查对规范性文件往往采取比较严格的标准来识别，即是行政机关按照一定程序制定的、对不特定人反复适用的规范，[1]否则，对不识别为规范性文件的不予审查。实际上，各类规范性文件的形成过程非常复杂，有许多违法的规范性文件恰恰不是按照严格程序制定的。如果严格按照正式的规范性文件来认定，就会有许多文件不被认定规范性文件，就无法对其进行合法性审查。而行政公益诉讼在规范性文件识别方面，要坚持宽松标准，只要该规范性文件与违法行使职权有关并对公共利益构成侵害，只要不是具体行政行为也不是规章及以上的规范，都可以将其识别为规范性文件，并予以合法性审查，包括会议纪要、行政机关的通知、上级对下级的答复或批复等。这些尽管不符合通常意义上规范性文件的特点，但应当被认定为行政公益诉讼规范性文件附带审查的对象，由此可将更多的违法规范性文件纳入行政公益诉讼规范性文件附带审查之中。

2. 规范性文件与所诉行政行为之间关联性标准问题

普通行政诉讼规范性文件附带审查，都要求规范性文件是行政行为作出的直接依据，认为"只有直接作为被诉行政行为依据的规范性文件才可能成为人民法院的审查对象"。[2]而以直接依据为审查标准，会导致很多规范性文件无法进入合法性

---

[1] 国务院办公厅也曾对规范性文件作出定义，即行政规范性文件是除国务院的行政法规、决定、命令以及部门规章和地方政府规章外，由行政机关或者经法律、法规授权的具有管理公共事务职能的组织依照法定权限、程序制定并公开发布，涉及公民、法人和其他组织权利义务，具有普遍约束力，在一定期限内反复适用的公文。详见国务院办公厅《关于加强行政规范性文件制定和监督管理工作的通知》（国办发［2018］37号）。

[2] 详见"行政诉讼附带审查规范性文件典型案例"，载https://www.court.gov.cn/zixun-xiangqing-125871.html，最后访问日期：2019年1月5日。

审查的范围。[1]行政公益诉讼则不能以如此严苛的标准进行认定，否则，不仅难以达到对规范性文件监督的目的，而且也不利于公共利益的保护，因此，只要规范性文件与违法行使职权有一定的关联性，无论是有关职权的、还是有关行政行为的，即使是间接依据、形式依据，只要与侵害国家利益或社会公共利益具有一定关联性，无论关联性的大小、多少，都应当认定为具有关联性，并进行合法性审查。

3. 对规范性文件合法性标准问题

在普通行政诉讼附带审查中，往往采取较为宽松的审查标准，比如，将与上位法"不抵触"甚至更为宽松的标准[2]运用于规范性文件的合法性审查，从而使得许多规范性文件没有被认定为违法，也使得规范性文件附带审查制度实施以来，只有很少的规范性文件被认定为违法的重要原因。[3]而行政公益诉讼的规范性文件附带审查，就要以公共利益为中心，要采取"根据"的标准来审查，即凡是没有上位法依据而增加了自己权力或减少自己职责的规范性文件，都要被认定为违法的规范

---

[1] 王春业："论行政规范性文件附带审查中'依据'的司法认定"，载《行政法学研究》2019年第3期，第56页。

[2] 比如，"不违反上位法""无明显违法""填补立法空白"等。在2016年的83个被认定合法的案件中，有22个案件是使用"不违反"的表述，占合法认定标准的22.5%。参见王春业："论规范性文件一并审查中的'内容'审查标准"，载《江汉论坛》2020年第1期，第131页。

[3] 笔者曾对2015年至2018年规范性文件附带审查的案例进行了全面统计，并对被认定为违法的规范性文件数量进行统计，发现被认定为违法的规范性文件比例非常低，例如，2015年的174个规范性文件附带审查案件中，被认定违法的规范性文件只有3个；在2018年的2018年344个规范性文件中，被认定违法的也只有3个。参见王春业："论规范性文件一并审查制度的实践偏离与校正——以907个案例为研究样本"，载《浙江大学学报（人文社会科学版）》2021年第1期，第81~94页。

性文件，而不能采取任何迁就的做法，以此加强对规范性文件监督的力度。

（三）对违法规范性文件认定的体现方式

普通行政诉讼规范性文件附带审查，当某规范性文件存在违法情形时，除了不作为行政行为合法性的依据外，并不在案件判决部分表述，而是仅仅"在裁判理由中予以阐明"（《2018年行政诉讼解释》第149条），这仅仅是一种评价权，而不是裁判权。两者的区别在于，评价权是对某一事项作出评论，一般通过说理的方式体现出来；而裁判权则是在评价的基础上作出具有法律约束力的结论。普通行政诉讼对规范性文件附带审查是评价而不是裁判，只是在阐明理由中出现而不是在判决部分出现，这就影响了认定结果的执行。而在行政公益诉讼规范性文件附带审查中，如果认定了某规范性文件存在违法问题，就应该设法尽快消除违法规范性文件的影响，及时促使其修正。为此，在审查结果的体现方面，应当将对相关规范性文件的认定结果作为判决结论的一部分，与对行政行为合法性认定一样，在判决结论部分直接体现出来，而不是放在说理阐述中，为后续有效地对违法规范性文件纠正奠定强有力的基础。

（四）对违法规范性文件的纠正

在执行方面，要具有强制执行力，而不是以司法建议的形式来解决。目前普通行政诉讼规范性文件附带审查后，如果该规范性文件被认定为违法，《行政诉讼法》第64条规定法院采取的处理方式是向制定机关提出处理建议，而《行政诉讼法司法解释》则进一步细化，[1]还包括抄送同级人民政府、上一级行政机关、监察机关以及备案机关等。至于建议之后制定机关是否采纳，则没有了下文。而实践中，制定机关并没有像法院建议的那样及时修正违法的规范性文件，有的甚至不理不睬、束之高阁，规范性文件仍然没有失去其效力，仍然在发挥作用。"只要制定的行政机关不依职权撤销它，行政机关仍然可以把它作为作出行政行为的依据之一。"[2]

而行政公益诉讼由于涉及国家利益或社会公共利益，而且检察机关本身也具法律监督职责，包括对违法的规范性文件的监督，因此，一旦被法院认定为违法的规范性文件，就应当尽快促使制定机关及时修改违法条款。为此，对制定机关不予修改的违法的规范性文件，检察机关也可以进一步采取相应措施：一是检察机关通过本系统高级别的检察机关直接向制定机关提出纠正要求，而无需法院再向制定机关提出要求或建议。二是高级别的检察院向本级人大提出审查要求，由权力机关敦促制定机关纠正。这是对立法监督启动机制的有效运用。在我国，对相关立法审查有一个启动机制，[3]在地方上也相应地建

---

[1]《行政诉讼法司法解释》第149条规定，作出生效裁判的人民法院应当向规范性文件的制定机关提出处理建议，并可以抄送制定机关的同级人民政府、上一级行政机关、监察机关以及规范性文件的备案机关。规范性文件不合法的，人民法院可以在裁判生效之日起3个月内，向规范性文件制定机关提出修改或者废止该规范性文件的司法建议。规范性文件由多个部门联合制定的，人民法院可以向该规范性文件的主办机关或者共同上一级行政机关发送司法建议。

[2] 章剑生："论行政诉讼中规范性文件的合法性审查"，载《福建行政学院学报》2016年第3期，第15页。

[3]《立法法》第110条规定了国务院、中央军事委员会、最高人民法院、最高人民检察院和各省、自治区、直辖市的人民代表大会常务委员会认为行政法规、地方性法规、自治条例和单行条例同宪法或者法律相抵触的，可以向全国人民

立了类似的该机制,由相关层级的权力机关介入其中,对被认定为违法的规范性文件进行纠正,并对没有按照要求进行纠正的制定机关及相关责任人科以相应的法律责任。

结　语

检察机关是法律监督机关,对法律的实施负有监督职责,"让检察机关有权提起行政公益诉讼……契合检察机关法律监督的宪法地位……",[1]而"提起行政公益诉讼源于法律监督权,是法律监督权在行政诉讼领域的具体运用"。[2]特别是十九届四中全会在"加强对法律实施的监督"中,专门规定了"拓展公益诉讼案件范围"。检察机关不仅要能够对违法行政行为进行监督,还要不断扩大到对与此相关的行政规范性文件的监督,利用行政公益诉规范性文件附带讼制度,对规范性文件合法性进行监督,以充分实现检察机关法律监督职责,"这种监督要求这些被监督机关和组织发布的规范性文件符合宪法和法律,公职人员和公民都准确统一地执行遵守法律"。[3]当然,公权力机关权限的获得需要法律的明示,而不是学理上的解释。检察机关提起行政公益诉讼可以对规范性文件一并提起附带审查请求应当具有明确的法律依据。当下,可以通过法律解

(接上页)代表大会常务委员会书面提出进行审查的建议,该内容虽然对规范性文件不具有直接的适用价值,但却具有示范效用。

〔1〕 胡卫列:"论行政公益诉讼制度的建构",载《行政法学研究》2012年第2期,第39页。

〔2〕 王春业、王娟:"行政公益诉讼范围的'等外'解读",载《浙江学刊》2019年第6期,第97页。

〔3〕 朱孝清:《论检察》,中国检察出版社2014年版,第8页。

第五章 规范性文件附带审查制度构建

释[1]的方式来解决此问题,由最高人民检察院向全国人大常委会提出法律解释的要求,[2]由后者对《行政诉讼法》作出解释,指出在行政公益诉讼中可以一并提起对规范性文件附带审查的请求,并对上述问题作出原则性规定,具有了与法律相等的效力,然后借助于司法解释来实现进一步细化,为检察机关对规范性文件的附带审查请求的提出提供充分的法律依据。

---

[1]《立法法》第48条规定,法律解释权属于全国人民代表大会常务委员会。法律有以下情况之一的,由全国人民代表大会常务委员会解释:①法律的规定需要进一步明确具体含义的;②法律制定后出现新的情况,需要明确适用法律依据的。显然,行政公益诉讼中的规范性文件附带审查主要属于第二种情形。

[2]《立法法》第49条规定,国务院、中央军事委员会、国家监察委员会、最高人民法院、最高人民检察院和全国人民代表大会各专门委员会以及省、自治区、直辖市的人民代表大会常务委员会可以向全国人民代表大会常务委员会提出法律解释要求。

第六章
举证责任制度的构建

证明责任被称为诉讼的脊梁。我国的证明责任理论主要源于域外理论,特别是大陆法系的主观—客观证明责任理论对我国影响较大,被我国通俗地理解为行为意义的证明责任和结果意义上的证明责任。"行为意义上的证明责任指的是主观的证明责任,结果意义上的证明责任指的则是客观的证明责任。"[1]客观证明责任是指案件要件事实真伪不明时的败诉风险,而主观证明责任则是因内在风险存在而促使当事人积极举证证明的机制。因此,举证责任实际上是一种主观证明责任,是诉讼当事人为了避免败诉的风险,对其提出的主张提供相关证据并加以证明的法律责任,是一种义务,往往与诉讼风险相联系。"在辩论主义模式的诉讼中,当事人不仅必须证明为裁判所需要的事实,而且还要通过提出主张来参与诉讼,于是,其主张便成为判决的基础。"[2]

行政公益诉讼举证责任则是在行政公益诉讼中,提起诉讼

---

[1] 李浩:"证明责任的概念——实务与理论的背离",载《当代法学》2017年第5期,第3页。

[2] [德]莱奥·罗森贝克:《证明责任论》(第5版),庄敬华译,中国法制出版社2018年版,第54页。

的检察机关和作为被告的行政机关在案件事实真伪不明的情况下，为了避免败诉的风险，各自应当承担的对所提出主张提供证据加以证明的法律责任。需要说明的是，举证责任与向法院递交材料不同，举证责任关系到诉讼的后果问题，而递交材料往往只是程序性工作，例如，检察机关派员出席行政公益诉讼审理程序时，要向法院递交出庭人的情况证明，这就是递交的材料，而不是举证问题。目前，对行政公益诉讼的研究成果虽然不少，但很少有专门就举证责任分配规则进行研究的成果，迫切需要加强研究。

一、对行政公益诉讼举证责任现实状况审视

（一）举证责任分配问题相关文件梳理

伴随行政公益诉讼产生和进一步发展，举证责任分配规则问题也继而出现。但由于《行政诉讼法》对行政公益诉讼举证责任分配问题没有作出特别规定，因此，本书试图从试点期间相关文件以及现行相关司法解释中，探寻涉及行政公益诉讼举证责任分配问题。

2015年12月最高人民检察院发布的《实施办法》，涉及了检察机关举证责任问题，其中，第44条[1]表述为检察机关应当提交的"材料"，第45条[2]表述为应当承担的"举证责任"。首先，这两条到底哪一条是对举证责任的要求？要求提

---

[1]《实施办法》第44条规定，人民检察院提起行政公益诉讼应当提交下列材料：①政公益诉讼起诉书；②国家和社会公共利益受到侵害的初步证明材料。
[2]《实施办法》第45条规定，人民检察院提起行政公益诉讼，对下列事项承担举证责任：①证明起诉符合法定条件；②人民检察院履行诉前程序提出检察建议且行政机关拒不纠正违法行为或者不履行法定职责的事实；③其他应当由人民检察院承担举证责任的事项。

交的"材料"算不算举证责任的要求？第44条所提到的"材料"包括的"行政公益诉讼起诉书"肯定不属于举证，那么，"国家和社会公共利益受到侵害的初步证明材料"算不算举证责任的要求？如果从严格意义上讲，只有第45条明确表示是"举证责任"，才能算作举证责任分配的要求，该条对检察机关应当举证的内容表述为：起诉符合法定条件、检察机关履行了诉前程序且行政机关不履行不纠正。如果以此条为举证责任分配的依据，就会发现检察机关的举证责任并不多。其次，《实施办法》只规定了检察机关的举证责任，而没有涉及行政机关的举证责任分配问题，因此，是不全面的。最后，《实施办法》是由检察机关系统自己出台的，而没有人民法院的参与，不能得到审判机关的认可，这些举证责任分配是否能得到作为审判机关的法院的有效贯彻，是存在疑虑的。

2016年2月25日最高人民法院发布了《试点工作实施办法》，值得注意的是，首先，该办法只是规定了检察机关提起行政公益诉讼时应当提交的"材料"，[1]而没有像《实施办法》那样明确表述为"举证责任"。其次，从严格意义上讲，提交材料与举证责任不是一回事，提交的材料不起到举证的效果，而且，从所提交的材料看，内容也比较混杂，既有诉状，也有造成国家和社会公共利益受到侵害的初步证明材料，还有诉前程序方面的材料。不是真正意义上举证的证据。还值得注

---

[1]《试点工作实施办法》第12条规定，人民检察院提起行政公益诉讼应当提交下列材料：①行政公益诉讼起诉状，并按照被告人数提出副本；②被告的行为造成国家和社会公共利益受到侵害的初步证明材料；③人民检察院已经履行向相关行政机关提出检察建议、督促其纠正违法行政行为或者依法履行职责的诉前程序的证明材料。

意的是,《实施办法》中关于诉前程序材料的举证要求,在《试点工作实施办法》中成为提交的"材料"。最后,该办法也没有对行政机关的举证责任作出任何规定。

随着行政公益诉讼的正式入法,2018年3月,最高人民法院、最高人民检察院也联合出台了《公益诉讼司法解释》,仿照最高人民法院先前《试点工作实施办法》的做法,只是规定了检察机关要向法院提交的"材料",而没有明确的"举证责任"的要求但二者在表述上有所区别,特别是对于诉前材料的表述,《试点工作实施办法》中表述的"人民检察院已经履行向相关行政机关提出检察建议、督促其纠正违法行政行为或者依法履行职责的诉前程序的证明材料",仅强调要有诉前材料;而2018年《公益诉讼司法解释》的表述为"检察机关已经履行诉前程序,行政机关仍不依法履行职责或者纠正违法行为的证明材料",不仅要求有诉前材料,而且要有行政机关没有履行的证明材料。

根据上述分析可以看出,从行政公益诉讼试点到全面推行,最高人民法院、最高人民检察院的相关文件以及司法解释虽然对行政公益诉讼举证责任分配问题有所涉猎,但规定不明确、不一致,甚至有自相矛盾之处,给行政公益诉讼实践带来较大困扰。

(二)司法实践中举证责任分配情况分析

"在比较法上由于中国行政公益诉讼可以借鉴的资源并不多,在这个意义上,从判例中寻找中国'经验'并从中加以提炼,也许正是中国行政诉讼法发展的进路之一。"[1]自从行政

---

[1] 章剑生:"论行政公益诉讼的证明责任及其分配",载《浙江社会科学》2020年第1期,第52~58页。

公益诉讼实施以来，包括从试点开始以来，已经发生过许多具体案例，大多数是在诉前程序就得到了有效解决，仅有少部分进入了诉讼程序，并由法院审理结案。由于诉讼程序更能体现出举证责任分配问题，为此，笔者侧重于对经过完整诉讼程序的成品案件进行研究。在中国裁判文书网上，点击"行政案件"，输入"公益诉讼"的关键词，截至2020年2月10日，共搜索到2056个案例，其中判决书有1542份，裁定书512份，其他2份。在1542份判决的案例中，基层人民法院的有1427个，中级人民法院的有99个，高级人民法院的有8个，最高人民法院的有8个。这些案件呈现以下特点：①行政公益诉讼以行政机关不作为为主要的案件类型，在15 424份行政公益诉讼案件的判决书中，不作为的案件占大多数。②在内容方面，大部分是生态环境类、资源保护类的案件。

从这些案例中，可以较为全面地看出检察机关与被告行政机关在举证方面的特点和内容：

（1）检察机关的举证情况。包括：①检察机关的起诉资格。[1]有近一半的案件检察机关都提交了证明具有起诉资格的证据材料。②被告具有法定职责。在近70%的案件中，检察机关都提交了此类证据。③被告没有履行或没有完全履行法定职责。由于目前主要是不作为的案件，很少有违法行使职权的案

---

[1] 例如，在"公益诉讼人彬县人民检察院诉彬县水利局未依法履行法定监管职责案"中，公益诉讼人彬县人民检察院的第一组证据是：①全国人民代表大会常务委员会《关于授权最高人民检察院在部分地区开展公益诉讼试点工作的决定》；②最高人民检察院《实施办法》；③《陕西省检察机关提起公益诉讼试点工作实施方案》；④《行政诉讼法》第25条第4款。这些是为了证明彬县人民检察院的公益诉讼人主体适格。详见陕西省彬县人民法院［2017］陕0427行初1号行政判决书。

件，因此，对不作为的案件，在80%的案件中，检察机关都向法院提交了证明行政机关不作为的证据。④国家利益或社会公共利益受到损害的证据。在已经发生的案件中，绝大部分检察机关提交了此类证据。⑤检察机关经过了诉前程序后被告仍没有履行或充分履行法定职责的证据。在已经发生的案件中，检察机关都向法院提供了此类证据。⑥对第三人相关问题进行了举证，包括第三人身份证明、第三人违法证明等。此类举证虽然不多，但是否需要检察机关对此举证，则值得研究。⑦其他证据材料。包括检察机关已经履行的提起行政公益诉讼的批准手续、立案决定书、行政相对人存在违法事实的材料等。

（2）行政机关的举证情况。有的被告进行了举证；有的没有举证。在已经举证的案件中，被告所举证据一般包括：①证明自己已经履行了法定职责，主要是提供自己曾向相关单位发出了整改通知书。在2/3的案件中，行政机关对此进行了举证。②证明没有履职的原因，包括不属于自己的法定责任、维稳方面的原因等。③证明自己已经对诉前检察建议进行了回复以及履行了检察建议的内容。在1/3的案件中，行政机关对此进行了举证。④其他举证。包括行政机关职责范围的证据、法人代表身份证明的证据等。

（3）第三人的举证情况。在所收集的案件中，涉及第三人的案件相对较少，而第三人出庭并举证的更少，在已有案件中，涉及第三人举证的案件不到1/10。有的是对检察机关的主张提供反驳证据，有的证明自己无过错，有的证明自己没有违法。例如，在"泰州市姜堰区供销合作总社案"中，第三人泰州市惠农公司认为自己在获得新网工程引导资金过程中无任何过错,并且引导资金已实际使用,无须承担引导资金返还义务,同时举出了相应的证据。[1]

(4)简单小结。从现实案件来看:①由于缺乏统一标准,行政公益诉讼举证责任各地做法不一,举证责任的标准不同,呈现出多彩纷呈,使得检察机关对举证缺乏预见性,也使得作为被告的行政机关存在不积极履行举证责任或举证目的不明确的现象。②就检察机关而言,检察机关几乎承担了主要的举证责任,既要举证证明被告具有法定责任,又要证明被告未履行法定职责,还要证明公共利益受损的事实,以及此种损害状态仍在持续,甚至还对被告违法行政行为、第三人违法等承担了举证责任。但大多检察机关没有对国家利益或社会公共利益的性质问题进行举证。③就行政机关而言,行政机关的举证则轻松了许多,远没有普通行政诉讼中被告的举证责任那么重,甚至许多被告没有进行任何举证;同时,行政机关举证的内容在不同案件中存在较大差别;行政机关举证存在形式化问题,许多行政机关并没有对实质问题进行举证。④对第三人的举证要求,呈现出较为多元化情形。

---

[1] 第三人惠农公司提交的证据:①供销总社文件及附表1份,证明第三人基础设施投资建设是按照文件精神和要求进行的;②专项资金情况汇报草稿、汇报稿各1份,证明案涉汇报资料等均系由总社制订并实施,对第三人申报的基础性资料进行了多次修改,证明以第三人名义申报的相关材料均是源自被告;③部分建设项目及费用清单,证明第三人是按照泰州合作总社及姜堰合作总社的文件精神和要求进行基础设施投资,且该引导资金已经转化为实物投资,无法进行返还;④证人丁某的证言,证明在整个引导资金使用过程中第三人没有任何过错。详见江苏省泰州市海陵区人民法院〔2018〕苏1202行初155号行政判决书。

（三）行政公益诉讼举证责任分配中亟待解决的问题

1. 举证责任分配不明已影响到行政公益诉讼的良性发展

在行政公益诉讼中，缺乏统一的举证责任分配规则，检察机关又实际承担了主要举证责任，使得检察机关不堪重负，再加上检察机关调查取证权的不足，使得其行政公益诉讼案件办案负担过重。通过对检察机关的抽样问卷调查，许多检察机关表示对此类案件产生了畏惧情绪，觉得办案难度大，也由此影响了检察机关对案件范围进一步扩展的积极性。

2. 普通行政诉讼举证责任分配规则难以适应行政公益诉讼的需要

行政公益诉讼写入《行政诉讼法》之中，从理论上讲，行政公益诉讼是行政诉讼的组成部分，理应适用行政诉讼的所有规则，包括举证责任分配规则。而《行政诉讼法》对行政诉讼举证责任分配问题已经作了明确规定，即《行政诉讼法》第34条至第38条。然而，实际上，对行政公益诉讼举证责任分配是否适用普通行政诉讼的举证责任分配规定，学界也有不同看法，大致可以分为以下几种：一是认为仍由行政机关承担主要举证责任，因为行政公益诉讼是行政诉讼的组成部分，行政公益诉讼的举证责任分配应当适用举证责任倒置的基本规则，行政机关应对行政行为依据的事实和合法性承担举证责任；[1]二是主张应当由检察机关承担主要举证责任，认为从行政公益诉讼的特点和诉讼参加人的地位来说，应当以检察机关承担举

---

[1] 钱国泉、俞广林、付继博：“检察机关提起行政公益诉讼的举证责任分配”，载《人民检察》2016年第22期，第26~29页。

证责任为原则,行政机关承担举证责任为例外;〔1〕三是认为应当适用"谁主张,谁举证"原则。暂不评价这些观点的正确与否,但有一点是可以肯定的,即对行政公益诉讼举证责任分配问题是有争议的,也一定程度上说明普通行政诉讼举证责任分配规则对行政公益诉讼不完全适用,需构建独立的适合行政公益诉讼特点的举证责任分配规则。

3. 需要进一步探讨的问题

无论是相关文件或司法解释,还是司法实践情况,对行政公益诉讼举证责任分配问题都没有重点关注的问题在于:一是检察机关要不要对所保护的利益是国家利益还是社会公共利益进行举证?大多数检察机关都没有对此进行举证,作为法院或被告的行政机关也没有要求检察机关对此举证,但作为一种诉讼制度,是否需要对此举证?二是对行政作为与不作为的举证是否要区分开来分别设计相应的举证责任分配制度?实践中存在着不加区分的现象,但作为与不作为在证明事项上是有区别的,而不加区分的方式,反而不利于案件事实的查清并增加了当事人的举证负担。三是对第三人的举证责任该如何设计。司法实践中的做法较为混乱,而相关规范性文件以及司法解释也没有作出规定。

二、构建独立的行政公益诉讼举证责任分配规则的理论证成

由于我国普通行政诉讼举证责任分配规则难以适应行政公

---

〔1〕 参见胡薇、杨明霞:"行政公益诉讼程序问题探讨",载《法治研究》2017年第5期,第94~100页。

益诉讼的需要,建立独立的行政公益诉讼举证责任分配规则已经势在必行,这是由行政公益诉讼与普通行政诉讼相比而呈现出来的特殊性决定的。

(一) 检察机关作为公益诉讼起诉人不同于普通行政诉讼中的原告

在普通行政诉讼中,原告属于弱势群体,因此,对举证责任分配规则设计时,也总是对原告有所倾向。"让较少有条件获取信息的当事人提供信息,既不经济又不公平",[1]为此,被告要承担对行政行为合法性的主要举证责任,否则,将面临败诉的风险;而原告对行政行为的合法性只有举证的权利而没有举证的义务,而且,原告在行政诉讼中所承担的举证责任也较少、较轻。这种架构是基于相对人与行政机关地位的较大悬殊而设计的,但并不符合行政公益诉讼的情形。在行政公益诉讼中,检察机关居于公益诉讼起诉人的法律地位,也同时享有法律监督者的地位,也是一种"官"的地位,不仅不是弱势群体,反而在一定程度上是一个强有力的监督者,而且与普通原告相比,也具有一定的调查取证权。因此,不能将普通行政诉讼举证责任分配中基于原告弱势地位考量的规则完全运用到行政公益诉讼之中。

(二) 行政公益诉讼不同于以主观判断为起诉条件的普通行政诉讼

在普通行政诉讼中,相对人只要在主观上"认为"行政机关及其工作人员的行为侵犯了自己的合法权益,就可以提起行

---

[1] 参见 [美] 迈克尔·D. 贝勒斯:《法律的原则——一个规范的分析》,张文显等译,中国大百科出版社1996年版,第67页。

政诉讼,[1]而具体是否侵犯以及侵犯的程度如何,则没作过多要求,这体现了对相对人起诉的宽松性,再结合行政诉讼中原告的相对弱势地位,使得立法机关在举证责任分配方面,作出了对原告更为有利于的规定。而在行政公益诉讼中,其起诉的条件就不再拘泥于检察机关的主观判断,而是检察机关必须"发现"行政机关的违法行使职权或不作为,并且国家利益或社会公共利益确实存在受到侵害的客观事实,这种"发现"是以一定事实证据作为基础的客观判断,而非主观"认为"。这种规则的设计,更多体现出对检察机关提起诉讼的要求,需要检察机关进行举证并满足一定条件后才能提起,对检察机关的举证也相应提出了更高要求。这种要求也使得行政公益诉讼中检察机关的举证责任不同于普通行政诉讼中原告的权利性举证和少量的义务性举证的情形。

要围绕着国家利益或社会公共利益是否得到完全救济来举证,而不是仅仅关注行政行为本身的合法性问题,甚至从某些方面来说,前者比后者更为重要。核心举证是"以国家利益和社会公共利益的维护来作为事实证据或者决定判断标准,不再围绕着做出行政行为应当符合法律的规定,即审查其合法性"。[2]

(三) 行政公益诉讼大多是不作为的案件

按照行政违法行为作出的状态为标准,可将行政诉讼案件分为作为的案件和不作为的案件。在普通行政诉讼中,大多数

---

[1]《行政诉讼法》第2条第1款规定,公民、法人或者其他组织认为行政机关和行政机关工作人员的行政行为侵犯其合法权益,有权依照本法向人民法院提起诉讼。

[2] 田一博:"应当设计独立的行政公益诉讼制度",载《东南大学学报(哲学社会科学版)》2020年第S1期,第73页。

第六章 举证责任制度的构建

是作为的案件,是因行政机关违法行使职权而进行的诉讼,被告承担主要举证责任分配的规则设计实际上也是建立在作为案件基础上的。然而,行政公益诉讼案件大多数是不作为的案件,很少有行政机关违法行使职权的案件。然而,在行政公益诉讼中,行政机关不作为的情形具有自己特点:首先,普通行政诉讼中的不作为对象是案件中的原告,而行政公益诉讼中的不作为对象并不是具有原告地位的检察机关。普通行政诉讼中原告只要举证证明曾向行政机关提出过申请,那么行政机关就要举证证明自己曾作出过行政行为,或者要证明其不作出行为的合法性,否则,被视为其没有作出行政行为。而在行政公益诉讼中,检察机关无法像普通行政诉讼那样提供曾向行政机关提出过申请方面的证据。而且,也不存在普通行政诉讼中原告不能举证的例外情形。[1] 其次,普通行政诉讼中的不作为案件一般是应申请的案件,而行政公益诉讼中不作为的案件大多是行政机关具有法定职责却不履行的情形。而且履行的对象也不同,普通行政诉讼是对原告履行,而行政公益诉讼并不是对具有原告地位的检察机关履行,而是对案件之外的相对人履行。最后,不作为行为对相对人产生的影响不同。普通行政诉讼的不作为是行政机关应当赋予相对人权利或资格或应当保护相对人权利而没有履行的情形,而行政公益诉讼是行政机关应当监督管理或处罚行政相对人而没有作为的,是一种对相对人具有科以义务或减少权力的内容,对相对人所产生的影响有所不

---

[1]《行政诉讼法》第41条规定,与本案有关的下列证据,原告或者第三人不能自行收集的,可以申请人民法院调取:①由国家机关保存而须由人民法院调取的证据;②涉及国家秘密、商业秘密和个人隐私的证据;③确因客观原因不能自行收集的其他证据。

同。可见，由于不作为在内容上有诸多差异，普通行政诉讼不作为案件的举证责任分配方式就难以适用于行政公益诉讼。

（四）前置的诉前程序使得行政公益诉讼呈现出特殊色彩

诉前程序是行政公益诉讼特有的程序，检察机关必须在诉前程序向行政机关提出纠正违法行为或督促其履行法定职责的检察建议，只有在行政机关不履行检察建议时，才启动诉讼程序。而在诉前程序中，检察机关要调取相关证据，来证明相关行政机关违法行使职权或没有依法履行法定职责，致使国家利益或社会公共利益受到了侵害，并据此提出检察建议，而这个程序是普通行政诉讼所没有的。这一特有的程序，以及诉前程序中证据的要求，甚至诉前程序的证据到诉讼阶段如何认定等问题，都使得行政公益诉讼在证据规则方面异于普通行政诉讼。因此，在这种情况下，要求行政公益诉讼直接适用行政诉讼举证责任分配规则就有些勉为其难，也难以完全套用普通行政诉讼的举证责任分配规则，必须构建独立的举证责任分配规则，以适用行政公益诉讼现实的需要。

综上，行政公益诉讼与普通行政诉讼的巨大差异，使得行政公益诉讼在举证责任分配方面应当具有自己的特点，行政公益诉讼无论是原告的身份还是地位抑或调查取证能力等方面，都与普通行政诉讼原告有较大差异；行政公益诉讼在所保护的利益、在诉讼结构等方面，也都不同于普通行政诉讼，因此，行政公益诉讼虽然是行政诉讼的组成部分，也有行政诉讼的某些特点，却在诸多方面却具有自身特点，不能完全套用普通行政诉讼举证责任分配规则，"作为新制度，检察机关提起行政公益诉讼与普通行政诉讼在目的、主体方面不同，这当然决定着在举证责任方面亦与普通行政诉讼不同",[1]必须建立适合行政公益诉讼特点的举证责任分配规则。

三、构建行政公益诉讼举证责任分配规则必须考虑的因素

作为一项诉讼制度,举证责任的设计必然要遵循目的、体现目的、实现目的。[2]行政公益诉讼中,双方举证责任该如何分配?与普通行政诉讼举证责任分配应当有哪些区别?这要从行政公益诉讼的实际情况与现实需要出发,对相关要素进行考虑,为建立独立的行政公益诉讼举证责任分配规则奠定基础。

(一)从有利于促进行政机关依法行政的角度考虑举证责任分配问题

行政公益诉讼是因行政机关的违法或不作为而启动的一种诉讼,诉讼的目的在于保护国家利益或社会公共利益,因此,在举证责任分配方面,如何能通过一种责任的加强来达到促进行政机关依法行政的目的,这可能也是举证责任分配规则构建时要考虑的问题。为此,要从加重对被告不利后果承担的角度考虑举证责任的分配问题。"当我们从结果责任这一新的视角观察举证责任时,就会发现它既不是负有举证责任一方当事人向法院提供证据的责任,也不是提供证据的义务,更不是提供证据的权利,而是当案件事实处于真伪不明状态时,当事人负

---

[1] 王颖:"检察机关提起行政公益诉讼举证责任分配制度研究",上海师范大学 2019 年硕士学位论文,第 11 页。
[2] 参见余凌云、周云川:"对行政诉讼举证责任分配理论的再思考",载《中国人民大学学报》2001 年第 4 期,第 95~100 页。

担的不利诉讼结果。"[1]行政机关作为负有法定职责的机关,应当依法履行职责或积极作为,而违法履行和不作为,都是一种失职,都与依法行政的法治要求相悖。因此,必须在举证方面科以行政机关更多的义务,让其随时有败诉的风险,以此倒逼其积极行政和依法行政。从这个角度讲,让行政机关负有更多的举证责任,是一种必然趋势。"这种以承担败诉结果为主要内容的举证责任,在法律性质上应当表现为当事人的一种职责。"[2]尽管行政公益诉讼与普通公益诉讼在诉讼结构方面有所不同,但让行政机关承担更多举证义务则是一致的,行政公益诉讼举证责任分配规则构建时必须充分考虑这种因素。

(二)从有利于检察机关提起行政公益诉讼的角度考虑举证责任分配问题

这可以从两个方面来考虑:一是要有利于调动检察机关提起行政公益诉讼的积极性;二是要有利于防止检察机关对公益诉讼权的滥用。首先,就前一个角度而言,必须不能让检察机关承担过重的举证责任。当初设计行政公益诉讼的目的,就是更好地保护国家利益和社会公共利益,更好地发挥检察机关法律监督的功能,而十九届四中全会在"加强对法律监督实施"的表述中,将公益诉讼作为法律实施监督的重要举措。可见,随着我国法治进程的加快,行政公益诉讼逐步发挥了越来越多、越来越重要的作用。而举证责任的分配是否合理,检察机关举证责任是否过重,直接关系到检察机关提起公益诉讼的积极性。如果像当下那样检察机关举证责任过重,将使检察机关

---

[1] 李浩:《民事举证责任研究》,中国政法大学出版社1993年版,第38页。
[2] 宋世杰:《举证责任论》,中南工业大学出版社1996年版,第71页。

产生畏惧心理,不愿或害怕提起行政公益诉讼,久之,将不利于行政公益诉讼的良性发展。因此,从这个意义上说,应当尽量减少检察机关举证的负担。其次,就后一个角度而言,检察机关也要承担必要的举证责任,不能像公民起诉那样,只要有主观判断就可以提起诉讼。而检察机关必须有一定的证据,要体现行政公益诉讼的公益性特点,有效防止检察机关滥诉,或滥用国家诉讼资源的风险。

(三) 从有利于构建双方在诉讼中平等法律地位的角度考虑举证责任分配问题

举证责任分配要充分考虑当事人的举证能力问题,从双方当事人的身份和能力等方面考虑举证责任的分配问题。对于弱势一方而难以取得有效证据的,则往往不科以过多的举证责任,而对于具有优势地位的当事人,则科以更多的举证责任,以实现诉讼中真正法律地位平等的效果,这也是普通行政诉讼法举证责任分配的基本考虑。"如果将某一案件事实的举证责任加在远离证据材料又缺乏必要的收集证据的条件与手段的当事人身上,而占有或者接近证据材料,有条件有能力收集证据的另一方当事人反倒不负举证责任,那就势必造成显而易见的不公平。"[1]在行政公益诉讼中,检察机关虽然是起诉人,但又不同于普通行政诉讼中原告的弱势地位,检察机关作为法律监督机关,具有较大的优势地位,具备了一定的调查取证权力。因此,在举证中,就不能完全采取普通行政诉讼中的举证责任分配规则,要科以检察机关一定的举证责任。

---

[1] 李浩:《民事举证责任研究》,中国政法大学出版社1993年版,第159页。

(四) 从有利于查清案件事实的角度考虑举证责任分配问题

诉讼过程的举证不是为举证而举证，举证的目的是更好地查清案件事实，为此，"需要衡量诉讼双方的取证能力强弱和当事人与证据距离的远近来判定"，[1]谁承担举证责任以及承担举证责任的范围，要根据案件事实查清的实际需要而定。在普通行政诉讼中，行政机关对行政行为合法性等进行举证，因为在进入行政诉讼之前，被告行政行为的证据就应当已经具备了，并据此作出行政行为，而且这些证据都掌握在行政机关手中，而"行政诉讼举证责任是行政程序证明责任的延续和再现"。[2]因此，行政机关对此承担举证责任，有利于其将拥有的证据提供给法院，便于法院查清事实。而在行政公益诉讼举证责任分配中，也要充分考虑这种因素，比如，检察机关所承担的举证责任，应当是检察机关能够掌握的证据，例如，在诉前程序中，检察机关主导着调查取证以及发出检察建议，对相关事实最为了解，检察机关对此进行举证，更方便法院查明案件真相。

(五) 从与行政诉讼举证责任分配规则相衔接的角度考虑举证责任分配问题

行政公益诉讼尽管与普通行政诉讼有诸多不同之处，举证责任分配规则也应独立构建，但行政公益诉讼毕竟属于行政诉讼中的一种类型和组成部分，与普通行政诉讼存在很多共性，普通行政诉讼举证责任分配的许多规则也可适用于行政公益诉

---

〔1〕 王利明："论举证责任倒置的若干问题"，载《广东社会科学》2003年第1期，第150~158页。

〔2〕 高家伟："论行政诉讼举证责任"，载罗豪才主编：《行政法论丛》(第1卷)，法律出版社1998年版，第479页。

讼。为此，行政公益诉讼举证责任分配规则在构建过程中，不仅要体现自己的特色，也要充分汲取普通行政诉讼中的一些共通性规则，既要体现行政公益诉讼的特殊性，也要注意与普通行政诉讼举证责任分配规则的衔接问题，在行政诉讼既有举证责任分配规则的基础上，根据行政公益诉讼特点来加以变革，而不是完全抛弃原有的行政诉讼举证责任规则而另起炉灶。否则，将会产生新的矛盾，不利于行政公益诉讼的完善和发展。

(六) 对境外经验的适当借鉴

值得注意的是，在国外，也有类似于我国的行政公益诉讼制度。在英国，检察总长制度针对为了公共利益而提起的诉讼，在提起的方式方面，或是将检察总长之名借给普通公民提起，或是检察总长直接提起；在举证责任分配方面，采取的是"谁主张，谁举证"原则。

在美国，私人检察长制度具有行政公益诉讼性质，其提起的主体主要是被赋予检察总长身份的公民，也可以是团体、政府、检察官。[1]由于美国没有严格区分行政诉讼与行政公益诉讼，而行政诉讼也是由民事法院所管辖，适用民事诉讼规则，因此，其行政公益诉讼的举证责任分配规则也是实行"谁主张，谁举证"原则，而且法官可以根据具体案情、原告资格等对双方举证责任进行分配，体现了法官在举证责任分配方面较大的裁量权。

在德国，行政公益诉讼主要有公益代表人制度和团体诉讼，前者提起的主体是检察官，后者是团体。就公益代表人诉

---

[1] 参见李艳芳："美国的公民诉讼制度及其启示——关于建立我国公益诉讼制度的借鉴性思考"，载《中国人民大学学报》2003年第2期，第122~129页。

讼而言，德国的检察官并无权直接提起行政公益诉讼，只是在出现公共利益受到侵害时，参与到已经启动了的行政诉讼中，其举证责任也是一种补充性质的，主要是法律适用方面的证明责任，而通常不是对案件事实问题的举证。就团体诉讼而言，是由经过登记获得诉权资格的团体提起，对此类诉讼，德国采取一种职权主义审理模式，"法院不受当事人事实主张和提交的证据的约束，可在审理程序中依职权调查、评定、收集证据"，[1]因此，公益团体的举证责任的大与小，都不会对其产生不利影响。

在法国，越权之诉具有行政公益诉讼特点，提起主体非常广泛，但在举证责任分配方面，也秉持着"谁主张，谁举证"的原则。"在越权之诉中，原告所承担的与其说是举证责任，不如说是提供证据的权利。"[2]

境外行政公益诉讼不同于我国的行政公益诉讼，其举证的相关经验很难完全符合我国行政公益诉讼的特点，但其举证责任分配制度中的某些做法，还是可以为我国的行政公益诉讼举证责任分配制度的构建提供一定参考的，例如，各方当事人除了按照举证责任分配规则进行举证外，法院在特定情况下还有一定的裁量权，以解决举证中的原则性过强而灵活性不足的问题。

四、行政公益诉讼举证责任分配规则的具体构建

在我国，在讨论行政公益诉讼举证责任分配时，学者们试

---

〔1〕 陶建国："德国环境行政公益诉讼制度及其对我国的启示"，载《德国研究》2013年第2期，第68~79页。

〔2〕 刘善春："行政诉讼举证责任分配规则论纲"，载《中国法学》2003年第3期，第69~75页。

图分出谁承担主要举证责任、谁承担次要举证责任。但笔者认为，对于行政公益诉讼而言，不一定要区分出举证责任承担的主次问题，而应更多关注当事人各方承担举证责任的范围、举证的方式等现实问题。实际上，除了在普通行政诉讼中行政机关明显承担了主要举证责任，其他的诉讼，也不一定能区分出主次。为此，应当围绕着行政公益诉讼本质属性来设计行政公益诉讼举证责任分配规则。

（一）检察机关的举证范围及举证方式

检察机关既要对必要的事实进行举证，又要在举证的方式和举证的程度上进行适当减轻。

1. 对所保护利益的性质进行举证

在诉讼目的性上，检察机关必须证明是为了国家利益或社会公共利益，而不是为了某个单位或个人的私利，不能动用国家资源来为个人或单位牟取私利，公益性是行政公益诉讼制度的出发点和落脚点，没有了公益性，也就没有了行政公益诉讼制度存在的必要性。目前，还没有被告对此提出疑问，主要原因是被告对行政公益诉讼不熟悉，没有较真，法院也没有对此提出需要检察机关进行举证，但作为一项规则，行政公益诉讼必须坚持公益性原则，检察机关应当对此进行举证。在司法实践中也发生过个别案件检察机关因对公共利益举证不足而败诉的情形，[1]这对检察机关提出了对此举证的现实要求。当然，

---

[1] 在"寿县林业局不履行法定职责案"中，法院认为，涉案林木属于以生产木材为主要目的的用材林，从其自然属性上看，不以维护生态、保护环境为主要功能；从其产权归属上看，系第三人从贾某和处购买取得的私有财产。公益诉讼人也未提交充分而有效的证据证明案涉土地属于退耕还林的林地。详见安徽省寿县人民法院［2018］皖 0422 行初 2 号行政判决书。

由于国家利益和社会公共利益的内涵有待于进一步明确，因此，在举证过程中，也存在一定的难度。对此，可以要求检察机关提出最低限度的证据，即只要不是为了个人利益或单位利益，只要具有一定的公共性，就可以被认为是为了社会公共利益。今后立法时也应当对此进行明确，对国家利益和社会公共利益作为广义的解释，目的是在发挥检察机关法律监督的同时，也对这种监督权进行再监督，防止滥用。

2. 对被告负有法定的职责进行举证

需要将行政机关作为的情形与不作为的情形分开来设计举证责任分配制度，以利于案件的解决。

对于不作为的案件，检察机关要举证证明相关行政机关具有履行的法定职责。检察机关通过此类举证，可精准地确定被告。而且通过举证，还可确保所有此类行政机关都作为被告，不出现遗漏。例如，环境行政公益诉讼往往涉及环保、水利、国土等部门，这应当通过举证来证明并将其都作为被告。在举证中，证据的构成除了法律法规规章明确规定，要特别关注相关地方规范性文件对职权的分工，这在当今国家机构改革以及行政权下移的背景下更为重要。例如，在"宁城县水利局其他行政行为案"中，宁城县人民检察院在证明被告具有法定职责时，所举的证据就是几份规范性文件：一是赤峰市水利局发布的文件《关于加强界河安全管理规范采砂行为的意见》，证明包括宁城县水利局在内的相关机关对涉案河段具有执法权和管辖权；二是赤峰市水利局发布的规范性文件《关于加强对坤兑河非法采砂行为属地管理的意见》，证明界河分界线宁城段由宁城县相关部门管理；三是赤峰市人民政府发布的规范性文件《关于进一步加强河道采砂管理的通知》，证明在该通知下发前采砂管理事项由宁城县水利局管理；四是宁城县水利局在自己制定的具体落实文件中也承认了自己具有监管的职责。[1]当然，对于法律、法规对行政机关职责已经作了明确规定的，则不必作为证据来举，检察机关只要在起诉状中引用即可，因为这属于法律适用问题，而不是举证问题，举证的重点应当放在一些规范性文件方面。

而对于行政机关违法行使职权的案件，检察机关则无需进行举证，既没有必要举证行政机关具有法定职责，因为行政机关已经作了，只要是违法，就应当承担法律责任；更没有必要证明行政机关行为的违法，这是行政机关应当举证证明的事项。检察机关只需表明行政机关违法行使职权即可。

3. 对造成的损害事实进行举证

我国行政公益诉讼仍然遵循成熟原则，即必须有具体的损害事实才可以提起行政公益诉讼，而在没有出现损害事实，或仅仅是一种可能但未发生时，则不能提起行政诉讼，更不可能提起行政公益诉讼。因此，检察机关要对损害的事实进行举证。但由于行政公益诉讼没有对损害赔偿作出规定，证明有损害事实的存在，只是为了进一步表明行政机关的违法行使与不作为所产生的后果，而不是作为赔偿的依据，因此，检察机关在举证时，不一定要求有非常精准的损害结果的数字，只要能证明行政机关的违法行为使国家利益或社会公共利益受到了侵害即可，在证据的证明程度上要低于普通行政诉讼的损害赔偿的证据要求。这种举证可以是一些现场照片、相关当事人的询问笔录、录音录像、测量到的数据，甚至是一些调查报

---

[1] 详见内蒙古自治区宁城县人民法院［2019］内0429行初36号行政判决书。

告等。[1]

4. 对已经经过了诉前程序进行举证

由于诉前程序是行政公益诉讼的前置程序，而诉前程序的证据材料为检察机关所掌握，检察机关有义务向法院提交。这里的证据重点应当是检察机关在诉前程序中已经向行政机关发出的检察建议，而不是行政机关没有回复或没有整改或整改得不充分。当然，对于行政机关已经作出回复并自认为已经履行了法定职责的，检察机关仍然认为履行得不充分，这属于对履行职责的判断标准问题，不属于举证问题，双方对此出现认识上的差异也属于正常，检察机关也不必对行政机关履行"不充分"的情形进行举证，留待诉讼阶段由行政机关进行进一步举证，并由法院作出居中判断。

5. 其他举证问题的讨论

这里有两个问题需要讨论：其一，检察机关是否需要举证证明自己符合起诉人的条件。在已经发生的案例中，检察机关大多对此进行了举证。笔者认为，行政公益诉讼的提起主体只有检察机关，而没有其他主体，不像普通行政诉讼那样，可能涉及起诉主体不合格问题，因此，这不应作为检察机关举证责任的范围，即使举证容易。其二，检察机关是否对相对人违法事实进行举证。行政机关不作为的对象往往与相对人的违法行为相联系，而对相对人的行为是否违法以及违法的具体情况，检察机关是否需要进行举证？在已发生的案例中，有检察机关

---

[1] 例如，在"北京市通州区人民检察院与北京市通州区农业农村局案"中，公益诉讼起诉人北京市通州区人民检察院的第六组证据就包括：2016年11月1日、2017年1月11日、6月2日的现场照片，证明国家利益仍受到侵害的事实。详见北京市通州区人民法院〔2017〕京0112行初101号行政判决书。

对此进行了举证。[1]笔者认为,检察机关关注的重点是公共利益是否受侵害,而具体侵害的源头来自何方,则不是检察机关必须举证的范围。

当然,检察机关也可以对行政机关违法或不作为进行举证,但这不是检察机关的举证义务,可以视为举证的权利。同时,在检察机关的举证责任分配中,在要求检察机关举证的同时,也要适当降低其举证的门槛,要尽量减轻检察机关的举证负担,否则,不利于检察机关积极性的调动,更不利于行政公益诉讼的进一步发展。

(二) 行政机关的举证范围及举证方式

围绕着行政行为的合法性,由行政机关承担主要举证责任,这一点与普通行政诉讼具有相似之处。但不限于此,还应当在承担是否履职以及履职的充分性、公共利益是否恢复以及恢复的充分性方面进行举证。行政机关举证也要分为作为与不作为两种情形。

(1) 就作为的案件而言,被告要举证证明其行政行为的合法性,所举证的内容与普通行政诉讼的举证要求相似,一般包括作出行政行为的事实证据和法律依据。

(2) 就不作为的案件而言,被告可以在两个方面进行举证:一是对自己不能履行的客观原因进行举证,以达到免除或减轻法律责任的目的。二是举证证明其已经履行了法定职责。主要是对其行政程序进行必要的举证,证明其已经履行了法定职责。如在"连南瑶族自治县自然资源局案"[2]中,被告连南县

---

[1] 详见陕西省靖边县人民法院 [2017] 陕 0824 行初 1 号行政判决书。
[2] 详见广东省清远市清新区人民法院 [2019] 粤 1803 行初 107 号行政判决书。

自然资源局向法院提交的证据、依据就有：《违法使用林地告知书》及其送达回证，证明被告已履行责令连南县恒富辉公司停止违法使用林地的职责；《林业行政处罚决定书》、票据，证明被告已向连南县恒富辉公司作出行政处罚，并收取相关数量的罚款；《违法使用林地告知书》，证明被告又向连南县恒富辉公司发出了《违法使用林地告知书》；《复绿验收报告》、部分复绿图片、《关于连南县检察院检察建议书落实情况的回复》，证明被告就复绿情况进行了初步验收，且验收情况符合《复绿实施方案》的设计要求等共计17件证据材料。这里特别要说明的是，行政机关必须要在履行的充分性方面进行举证，包括违法行为得到了有效制止、受损利益得到了全面恢复、行政机关已经用尽了可以采用的法定履职手段，而不是仅仅履行职责的证据。

（3）要举证证明已在诉前程序中及时反馈或已落实了检察建议内容。在作为的案件中，行政机关要举证证明已经纠正了违法行为，重点放在纠正的"彻底性"；在不作为案件中，行政机关举证的重点应放在履行的"充分性"方面，而不是"有与无"的方面。

（三）第三人的举证范围及其举证方式

在普通行政诉讼中，第三人是与案件本身有利害关系的当事人，但在立场上，有的与原告较为接近，有的与被告较为接近，有的则具有独立的诉讼请求。然而，在行政公益诉讼中，由于大多数是不作为的案件，因此，第三人在立场上，经常与行政机关较为接近，往往是行政行为的受益者。第三人可能是行政管理中的相对人，可能是其他利害关系人，也可能是其他行政机关。尽管第三人举证不是行政公益诉讼举证责任分配的主要内容，但也必须有相应的规则，在许多实践案例中都有第三人举证的例子。但由于我国行政公益诉讼制度的特殊性，对第三人举证责任分配制度的设计，应当注重以下举证内容：①对符合第三人的条件进行举证，即对与本案所诉行政行为或诉讼结果有利害关系进行举证，但经过法院依法追加为第三人的，则可以免除举证责任。②对自己所提出的主张承担举证责任，即所谓的"谁主张，谁举证"原则，但自己的主张已经被检察机关或行政机关举证的，则无需再举证。③对行政行为是否合法或对检察机关起诉的行为具有举证的权利而不是举证义务。法院应当对第三人的举证进行审查和认证。

(四) 法院对举证责任分配的必要裁量权

以上对行政公益诉讼的检察机关、行政机关以及第三人的举证责任进行了初步梳理，但任何举证责任分配规则都不可能涵盖行政公益诉讼的所有现实，尤其是在行政公益诉讼制度尚处于发展时期的当下，可能会不断出现一些新型案件难以完全适用上述举证责任分配规则。为此，借鉴境外经验，可在一定条件下，法院对举证责任分配行使必要的自由裁量权，以便于查清案件事实。当然，法院在当事人举证分配中的作用应当坚持有限性原则：一是双方对举证责任发生异议而根据现有举证责任规则难以确定的情况下，法院对该由哪一方举证作出裁量，不能举证或举证不力的，将承担败诉风险。二是各方举证难以查清案件事实且从维护公共利益角度，法院也可以依职权进行必要的调查取证，但不能为被告行政行为的合法性取证。可见，法院对举证的裁量权以必要为原则，而且是行政公益诉讼举证责任分配中的补充，是一种特殊情况下的裁量权，而不能过多使用或滥用，否则，将打破当事人举证权利之间的平衡。同时，法院的调查取证也仅适用于少数情况下的为了公共利益而不能过多使用。

结　语

举证责任分配规则的构建需要法律的支持，当普通行政诉讼举证责任分配规则难以适应行政公益诉讼的需要时，法律必须作出回应，并积极应对。当下，无论是司法解释还是最高检察机关的内部文件，不仅没有作出完善的规定，更难以作为行政公益诉讼举证责任分配规则的法的依据。为此，必须加快立法进程，进行专门的行政公益诉讼证据规则方面的立法，为举证责任分配提供明确的法律依据。

第七章
独立的法律规范构建

检察机关提起行政公益诉讼是一项具有中国特色的诉讼制度,经过两年试点后在2017年修正的《行政诉讼法》中得到确认。然而,行政公益诉讼制度在运行中却遇到了法律规范不足问题,《行政诉讼法》难以作为行政公益诉讼的法律规范依据。因此,如何为行政公益诉讼构建适合其特点的法律规范体系,是当下行政公益诉讼制度良性发展迫切需要解决的问题。目前,虽然学界对行政公益诉讼的研究成果不少,但对行政公益诉讼制度要不要从《行政诉讼法》中独立出来,是否要为行政公益诉讼提供以及如何提供一套专门的法律规范体系,则关注不够。[1]

一、从实践运行看行政公益诉讼法律规范体系重构的现实迫切性

行政公益诉讼虽然被表述为《行政诉讼法》的一个条款,

---

[1] 刘艺教授在《构建行政公益诉讼的客观诉讼机制》一文中已提到行政公益诉讼的客观诉讼特性,并对其精细化构建提出建议,但行政公益诉讼是否需要从《行政诉讼法》中独立出来,是否要构建和如何构建专门的行政公益诉讼法律体系,则没有进一步研究。

但不能因此就认为行政公益诉讼就是行政诉讼的一部分。实际上，无论是在理论上还是实践方面，都凸显出两者的巨大差异。换言之，行政公益诉讼与普通行政诉讼存在非常明显的差异，这使得适用于普通行政诉讼的《行政诉讼法》难以适用于行政公益诉讼案件，也使得行政公益诉讼难以真正融入《行政诉讼法》框架之中。

（一）《行政诉讼法》对行政公益诉讼的不相融

《行政诉讼法》对行政诉讼程序、规则等都作了详细规定，成为我国行政诉讼的基本法律依据。然而，这些规定大多不能适用于行政公益诉讼，体现在以下但并不限于以下几方面。

1. 行政诉讼的目的不能涵盖行政公益诉讼的目的

《行政诉讼法》对行政诉讼明确了四个目的，[1]除了第一个目的，其他三个目的与行政公益诉讼的目的[2]几乎没有关联性。首先，就解决行政争议的目的而言，行政诉讼所要解决的行政争议是行政机关与相对人之间的争议；而行政公益诉讼中行政机关与检察机关之间不存在行政争议，或者说，解决行政争议并非行政公益诉讼的诉讼目的。其次，就保护相对人合法权益的目的而言，行政公益诉讼以维护国家利益和社会公共利益为诉讼目的，检察机关本身不是相对人，在诉讼中并没有自己单位的利益；而且行政公益诉讼也不以保护相对人合法权益为目的，尤其是所维护的公共利益经常与相对人个人利益不一致，有时甚至相反，保护公共利益常常会减少某个相对人的

---

[1] 即保证人民法院公正、及时审理行政案件；解决行政争议；保护公民、法人和其他组织的合法权益；监督行政机关依法行使职权。

[2] 行政公益诉讼的目的有两个：一是维护国家利益或者社会公共利益；二是督促行政机关依法履行职责。

权益，比如，责令行政机关对某污染企业作出处理时，就可能减损了该企业的权益或科以其更多的义务。最后，就监督行政职权行使的目的而言，对行政诉讼使用的是"监督"，而对行政公益诉讼使用的是"督促"。"监督"体现了一种宽泛意义上的内容，甚至可以说是解决行政争议、保护相对人合法权益目的的副产品；而"督促"则体现了有限性、时限性、内容的具体性和明确的依据性。有限性是指在维护国家利益或社会公共利益方面，行政机关是具体的实施主体，而检察机关只是一个督促的角色，不可越俎代庖，只能通过提起行政公益诉讼这种有限的督促方式，促使行政机关履行法定职责；时限性即要求行政机关必须在一定期限内完成履行职责的要求，而不能无限期地拖延；内容的具体性即检察机关要求行政机关必须尽快消除正在持续的对公共利益的侵害行为，而不是抽象地履行行政职责；明确的依据性即行政机关应当按照检察机关所发出的检察建议要求来履行具体职责。因此，从诉讼的目的性来看，行政诉讼与行政公益诉讼属于两个不同的诉讼类型，《行政诉讼法》所规定的诉讼目的并不适用于行政公益诉讼，也无法包容行政公益诉讼的目的。

2. 行政诉讼对原告的要求难以适用于检察机关

按照《行政诉讼法》的规定，行政诉讼的原告是行政行为的相对人或其他利害关系人，他们在诉讼之前就已经通过行政行为而与行政机关建立起了行政法律关系，是基于行政机关对相对人作出了某行政行为并由此建立起来的。因此，在行政诉讼中，原告是自身合法权益受到行政机关侵害的相对人，他们是为了"自己"的利益而进行的诉讼。而行政公益诉讼中的检察机关，诉讼之前与行政机关之间没有过任何关系，不存在任何法律关系,行政机关的行政行为更没有对检察机关产生任何不利影响,不是行政行为的利益受侵害者,检察机关也不是为了自己利益而进行诉讼。在此种情况下,按照行政法律关系当事人以及利害关系而设计的行政诉讼制度,很难适用于行政公益诉讼。

3. 行政诉讼受案范围不适用于行政公益诉讼

《行政诉讼法》对行政诉讼规定了明确的案件受理范围,并以概括的和列举的、肯定的和否定的方式加以规定。尽管《行政诉讼法》将具体行政行为都改为行政行为,但从行政诉讼受案范围所列举的行政行为类型看,仍然是具体行政行为,是对相对人产生法律效果的具体行政行为,往往只涉及个体合法权益。而这些行政行为很少涉及国家利益或社会公共利益,似乎很难直接作为行政公益诉讼的受案范围,因此,行政诉讼的受案范围与行政公益诉讼没有多大关系。而从具体规定及实践来看,行政公益诉讼受案范围并不都是具体行政行为,确定的标准不以相对人权利义务为标准,甚至在许多情况下没有相对人,是否纳入行政公益诉讼范围要看是否对国家利益或社会公共利益产生了侵害,为此,无论是试点期间还是正式实施期间,行政公益诉讼都有自己单独的受案范围,在实践中行政公益诉讼范围也呈现出逐步扩大的趋势,[1]而且与《行政诉讼法》中所规定的受案范围几乎没有关联性。换言之,《行政诉讼法》所规定的受案范围无法直接适用于行政公益诉讼。

---

[1] 2018年5月1日施行的《英雄烈士保护法》,将"侵害英雄烈士的姓名、肖像、名誉、荣誉"的事项纳入了公益诉讼范围,对公益诉讼范围作了进一步扩大。

4. 行政诉讼举证责任不适合行政公益诉讼

首先，就举证的重点内容而言，普通行政诉讼是以行政违法为主而设计的举证责任规则，再加上考虑到原告弱势的一面，使行政机关对行政行为承担了主要举证责任，原告则承担较轻的举证责任，原告的举证多是一种权利而不是义务或责任。而行政公益诉讼是以行政不作为为主要违法形式，积极的行政违法案件反而很少，因此，在举证责任制度设计上的重点倾向也与普通行政诉讼有所区别。而且，在行政公益诉讼中，双方地位以及其他种种因素，也使得行政公益诉讼改变了普通行政诉讼举证责任倒置的制度设计，相反，检察机关在其中要承担更多的举证责任，这也使得两种诉讼在举证责任方面呈现各自的独立性和差异性。

其次，即使是行政不作为案件，行政公益诉讼也与普通行政诉讼中的不作为有着明显不同。普通行政诉讼中的行政不作为中，相对人是直接参与者，损害的是相对人利益，相对人对此过程也最清楚，需要其提交曾向行政机关提出申请的证明材料；而行政公益诉讼中的行政不作为中，检察机关并没有参与其中，也不是不作为行为的受害者，不作为的行为没有直接损害到检察机关的利益，检察机关无法像普通行政诉讼原告那样提交曾经申请的相关证明材料，无法适用普通行政诉讼中不作为案件的举证责任规则。

最后，检察机关与行政机关还要承担普通行政诉讼当事人所没有的举证责任。比如，检察机关要对国家利益或社会公共利益的性质进行举证、对其所受到的侵害后果提供证据、对行政机关负有法定职责进行举证；而行政机关不仅对行政行为的合法性进行举证，还要对自己是否具有法定职责进行举证或反驳，对没有履行法定职责的客观原因、对履行法定职责的程度等进行举证。

5. 对行政公益诉讼条款的安排与整部《行政诉讼法》难以融合

目前，有关行政公益诉讼的法律依据主要体现在《行政诉讼法》第25条第4款中，然而，如果仔细研究，就会发现该条款在整部《行政诉讼法》中并不协调。第25条是关于行政诉讼原告的规定，第1款是关于相对人以及其他利害关系人的原告资格，第2款、第3款是关于原告资格转移的问题。而第四款关于行政公益诉讼的内容则非常复杂，既规定了检察机关可以作为提起诉讼的主体，即行政公益诉讼主体资格，又规定了行政公益诉讼范围、所针对的被告违法情形以及诉前程序等，与前三款单纯规定原告主体资格在结构上并不一致，实际上已经打破了前三款的架构，除了体现检察机关具有起诉人地位，其他内容则成为不协调的内容，也反映了立法者矛盾的心态。因此，将行政公益诉讼的内容安置于此，本身就破坏了《行政诉讼法》的和谐性与一致性。

可见，关于行政公益诉讼的条款，虽然被放置在《行政诉讼法》中，但实际上与普通行政诉讼具有天然差别，甚至可以说是不同性质的事物。《行政诉讼法》并未为行政公益诉讼提供一套相适应的诉讼规则，而普通行政诉讼制度的很多规则也无法直接适用于行政公益诉讼。

(二) 实践中行政公益诉讼运行法律依据严重匮乏

《行政诉讼法》虽然涉及了行政公益诉讼，但并没有为行政公益诉讼构建一套完善的制度，无法解决行政公益诉讼的诉讼原则、案件管辖、审理程序、举证责任分配、判决类型、检察机关调查权等问题,也由此出现了行政公益诉讼在法律框架上虽然属于行政诉讼类型,而实践中却又形成了自己一套做法的现象。

为了解决行政公益诉讼规范适用问题,自行政公益诉讼试点以来,国家就不断出台相关规定。例如,从 2015 年 7 月的《检察机关提起公益诉讼改革试点方案》、2015 年 12 月的《实施办法》,到行政公益诉讼入法后 2018 年 3 月最高人民法院、最高人民检察院的《公益诉讼司法解释》,都试图建立一套适合行政公益诉讼的规范,以解决行政公益诉讼法律规范匮乏问题。然而,这些文件和司法解释,与《行政诉讼法》存在较大不同和"突破",反映了司法实践与现有法律规范的冲突。这些探索性文件不仅都是权宜之策,而且其合法性也值得商榷。

首先,司法解释对《行政诉讼法》解释的合法性问题。司法解释是对法律适用过程中相关问题的应用性解释,要紧密围绕法律条文本身进行解释。然而,在最高人民法院、最高人民检察院对行政公益诉讼相关问题的解释中,却出现了超出法律本身规定的解释。如对检察机关公益诉讼起诉人身份的界定,案件管辖问题、检察机关举证的规定,撤回起诉的规定,判决类型的规定等,都超出了《行政诉讼法》本身的内容,也使得司法解释本身的合法性存在问题。即使如此,现实中仍然存在法律依据不足、案件处理难点不断等各类问题。

其次,后续的一些做法法律依据的问题。实际上,除了司法解释试图弥补《行政诉讼法》规定的不足外,最高人民检察院还出台了相关指南,例如《检察机关行政公益诉讼案件办案指南(试行)》,对管辖、立案、诉前程序、支持起诉、提起诉讼、二审、执行、诉讼监督等作了较为详细的规定,以弥补相关规范的缺失。然而，这些规范的法律依据何在？其合法性基础何在？该指南不仅是检察机关内部工作规则，而且许多内容还涉及其他人或组织的权利义务问题，尤其是关于调查取证方面的规定，甚至超出了《公益诉讼司法解释》对检察机关调查取证权的规定。如果说在试点期间采用规范性文件形式探索行政公益诉讼运行规则，还有情可原，因为一项新制度的建立，总需要试验探索并不断完善，但在行政公益诉讼正式入法且全面运行后，仍然采取这种办法，那就是无法容忍的事情了。

可见，行政公益诉讼虽然在《行政诉讼法》中已经有所规定，似乎有了法律依据，但行政公益诉讼不具有《行政诉讼法》中以个人利益保护为基础的普通行政诉讼的性质，使得行政公益诉讼虽然身在《行政诉讼法》之中，却不得不在《行政诉讼法》之外寻找适用规则，正如学者所言，只是在"民告官"制度上修改一两个条文无法解决"官告官"在实践中存在的诸多问题；[1]而且，这些法外规则其本身的合法性也存在问题。为此，必须构建专门的行政公益诉讼法律规范，为行政公益诉讼提供法律基础和依据。

二、从诉讼类型的性质看行政公益诉讼法律规范体系重构的必要性

构建专门的行政公益诉讼法律规范体系，是因为行政公益诉讼与普通行政诉讼之间存在巨大差异，而主观诉讼与客观诉讼的分类理论可以为构建专门的行政公益诉讼法律规范体系提

---

[1] 参见练育强："'官告官'障碍应尽快排除"，载《解放日报》2017年12月6日。

供理论证成。

(一) 主观诉讼与客观诉讼的分类

大陆法系在行政诉讼类型上有一种分类,即主观诉讼与客观诉讼之分。最早作出此种实质性分类的是法国的狄骥,[1]他将行政诉讼分为两类:一类是行政机关违反普遍适用的规则和法律,这便是客观诉讼;二是争议的问题违反原告独享的某些权利,这便属于主观诉讼。[2]需要说明的是,此种分类尽管较早由法国学者提出,但法国法律本身却并未规定这种分类方式。而这种分类理论经过德、日等国的借鉴与发展,成为行政诉讼法学的主流观点。为了进一步理解主观诉讼与客观诉讼的内涵,不妨从相关国家的诉讼制度中加以考察。

德国行政诉讼体现了以主观诉讼为主、客观诉讼为辅[3]的特点。其主观诉讼强调原告"自己的权利"的资格标准,强调公民自身利益受侵害时的自我权利救济,而非为他人或公共利益。相反,"如果行政行为虽然客观上是违法的,但原告自身的权利并未因此受到侵害,那么其诉讼就不具备理由"。[4]

---

[1] 有学者认为,在法国,最早对行政诉讼进行类型化区分的学者是狄骥,他根据行政法官的审查权限,将法国行政诉讼分为四类:撤销之诉、完全管辖权之诉、解释之诉和惩罚诉讼。这种根据行政法官审查权限进行的诉讼分类,被法国学者称为行政诉讼的形式分类。参见成协中:"论我国行政诉讼的客观诉讼定位",载《当代法学》2020年第2期,第76页。

[2] 参见[英]L.赖维乐·布朗、约翰·S.贝尔:《法国行政法》(第5版),高秦伟、王锴译,中国人民大学出版社2006年版,第172页。

[3] 《德国基本法》第19条第4款规定:任何人之权利受官署侵害时,可提起诉讼。这一规定,奠定了德国以"个人主观权利保护"为核心的诉讼制度基础和框架。

[4] [德]弗里德赫尔穆·胡芬:《行政诉讼法》(第5版),莫光华译,法律出版社2003年版,第434页。

当然，德国也有客观诉讼，主要表现为：一是协会之诉，协会提起行政诉讼不是为了协会自己的利益，而是为了成员的利益或为了公众利益；二是规范审查之诉，是公民针对相关章程、规章、法规的审查之诉，"只要规范客观上是违法的，审查请求就具备理由；而无须检查主观上的权利侵害存在与否"。[1]

日本"行政诉讼原则上应当是主观诉讼——这是日本各界的共识，也符合《行政事件诉讼法》的文本",[2]其主观诉讼性质不仅体现在其诉讼入口的设定上，还体现在行政诉讼案件审理时对原告主张的限制上，[3]原告提起行政行为诉讼必须与自己法律上存在一定的利益关系，否则，法院不予审查。同样，日本也有少许客观诉讼，最典型的就是民众诉讼和机关诉讼，其目的不是权利救济，而是维护公共利益和法秩序。

从上述分析中可以看出，关于主观诉讼与客观诉讼各国并无统一的界定标准，相反，由于各国行政诉讼体制、产生和发展的历史背景不同，对两者的区分标准也不尽相同。法国以诉讼标的性质为出发点，认为"主观诉讼的诉讼标的是违反主观的法律规则和法律地位的行为，而客观诉讼的诉讼标的是违反客观的法律规则和法律地位的行为",[4]更关注诉讼标的产生

---

[1] [德]弗里德赫尔穆·胡芬：《行政诉讼法》（第5版），莫光华译，法律出版社2003年版，第472页。

[2] 王天华：《行政诉讼的构造：日本行政诉讼法研究》，法律出版社2010年版，第25页。

[3] 姚腾越："德、日、法行政诉讼性质浅析——以主观诉讼和客观诉讼的二分为视角"，载《研究生法学》2014年第3期，第114页。

[4] 马立群："主观诉讼与客观诉讼辨析——以法国、日本行政诉讼为中心的考察"，载谢进杰主编：《中山大学法律评论》（第8卷·第2辑），法律出版社2010年版，第252页。

的法律状态，其中，主观诉讼的范围包括行政合同诉讼、行政主体赔偿责任诉讼；而撤销之诉则是典型的客观之诉，是对事不对人的诉讼。日本以诉讼目的为出发点，以"权利利益保护"与"法律维持"之何者为首要目的而进行区分，其中，前者以权利利益保护为首要目的，后者则以法规维持为首要目的。[1]由于界定标准不同，即使同一诉讼，各国对其定性也不同，比如，同样是撤销之诉，在法国被认为是客观诉讼，而在日本则被当作主观诉讼。

在我国，对主观诉讼与客观诉讼的界定也有不同观点，有学者认为两者的差异在于诉讼的目的和法律争议的性质；[2]有学者则以诉讼目的、诉讼规则、诉讼标的、审理规则、判决种类、判决效力等方面作为判断指标。[3]但我国学者多以诉讼目的为标准，认为主观诉讼主要围绕当事人的权利展开，以保护私权为目的，仅有个人利益者才能起诉；而客观诉讼则致力于营造良好的行政秩序，[4]所保护的是客观法律秩序和普遍的公共利益，提起主体多元化，有时即使是没有直接的利害关系

---

[1] 参见曾华松大法官古稀祝寿文集编辑委员会编：《论权利保护之理论与实践》，元照出版公司2006年版，第612页。转引自马立群："主观诉讼与客观诉讼辨析——以法国、日本行政诉讼为中心的考察"，载谢进杰主编：《中山大学法律评论》（第8卷·第2辑），法律出版社2010年版，第253页。

[2] 参见成协中："论我国行政诉讼的客观诉讼定位"，载《当代法学》2020年第2期，第78页。

[3] 参见薛刚凌、杨欣："论我国行政诉讼构造：'主观诉讼'抑或'客观诉讼'？"，载《行政法学研究》2013年第4期，32~34页。

[4] 参见马怀德："保护公民、法人和其他组织的权益应成为行政诉讼的根本目的"，载《行政法学研究》2012年第2期，第12页。

者，也可以提起诉讼。[1]

（二）行政公益诉讼与普通行政诉讼属于不同诉讼类型

在我国，尽管行政公益诉讼与普通行政诉讼都被置于《行政诉讼法》中，但两者实际上属于不同性质的诉讼。

1. 我国行政诉讼的主观诉讼倾向

在行政公益诉讼写入《行政诉讼法》之前，对《行政诉讼法》所确立的行政诉讼到底是主观诉讼还是客观诉讼，似乎有不同观点。有人认为我国行政诉讼兼具主观与客观相混合的情形，[2]甚至有人认为我国行政诉讼就是一种客观诉讼，[3]等等。当然，作出各种判断依据各自的标准。其实，判断一种诉讼属于何种类型，应当进行综合判断，而不是采取一种判断方式；不能仅从形式上判断，而应从实质上进行判断。可从以下几方面对我国行政诉讼性质作一考察：一是从内涵上看，我国行政诉讼是相对人认为行政机关及其公职人员侵犯其合法权益而提起的，"是在回应相对人权利救济诉求的基础上产生的"，[4]是一种以个人权利救济为目的的诉讼，符合主观诉

---

[1] 参见王贵松："信息公开行政诉讼的诉的利益"，载《比较法研究》2017年第2期，第20页。

[2] 有人认为我国行政诉讼既不是完整意义上的主观诉讼，也不是完整意义上的客观诉讼。参见薛刚凌、杨欣："论我国行政诉讼构造：'主观诉讼'抑或'客观诉讼'？"，载《行政法学研究》2013年第4期，第29页。

[3] 例如，梁凤云、邓刚宏等将我国行政诉讼定性为客观诉讼。详见梁凤云："不断迈向类型化的行政诉讼判决"，载《中国法律评论》2014年第4期，第153页；邓刚宏："论我国行政诉讼功能模式及其理论价值"，载《中国法学》2009年第5期，第59页。

[4] 马立群："主观诉讼与客观诉讼辨析——以法国、日本行政诉讼为中心的考察"，载谢进杰主编：《中山大学法律评论》（第8卷·第2辑），法律出版社2010年版，第260页。

讼的特点。二是在受案范围上，我国行政诉讼的受案范围都是以侵犯相对人利益的各种具体行政行为，所列举的每一个行政行为都是可能对相对人合法权益造成侵害的行为。三是对诉讼原告资格的规定，都以"利害关系"作为判断标准，体现了利益救济的特点，是典型的主观诉讼。

至于有人认为我国行政诉讼具有客观诉讼的特点，其主要理由是行政诉讼也有"监督行政机关依法行使职权"的目的。[1]实际上，这是对行政诉讼目的的一种误读。在行政诉讼目的中虽然写了监督行政的目的，但在其他条款中表现得并不明显，或者说只是相对人权利救济过程中的一种副产品，在相对人权利救济的同时产生了对行政权进行一定监督的附带效果，最多属于间接的监督，而不是一种直接的监督，不能据此认定行政诉讼的客观诉讼特点。即使《行政诉讼法》将规范性文件附带审查写入其中，但该附带性审查的结果并不属于裁判的内容，只是在裁判理由中作出说明，法院只是向制定机关提出建议，对规范性文件的制定机关几乎没有约束力，行政机关的不理睬也不会对其产生不利后果，因此，我国的规范性文件附带性审查还算不上真正的客观诉讼。[2]

---

[1] 梁凤云法官就认为，客观法律价值主要在于法院在行政诉讼中承担维护客观法律价值的功能，主要是维护公共利益之谓。在法院与行政公权力机关的定位上，体现为一定的监督和支持功能。监督就是通过对个别行政案件的审理，规范同类案件的适法条件，并通过司法建议等方式纠正行政公权力行为。参见梁凤云："行政诉讼法修改的若干理论前提（从客观诉讼和主观诉讼的角度）"，载《法律适用》2006年第5期，第72页。

[2] 需要说明的是，在德国，针对相关章程、规章以及州法律以下的其他法规的审查之诉属于客观诉讼，但德国的规范审查之诉不同于我国对行政规范性文件的附带审查，前者并不审查申请人的权利是否受到某一规范的侵害，不关注申请人的个人权利救济，而我国规范性文件附带审查是出于对原告权利救济的需要。

可见，我国《行政诉讼法》中的行政诉讼实质上是主观诉讼，或者说其主观诉讼特征更为明显，其核心是权利救济，是在对相对人诉求回应的基础上建立的。正如姜明安教授所言，"解纷、监督和救济。在此三种功能和作用中，救济无疑是行政诉讼最基本的功能和作用"。[1]于安教授也说，"1989年《行政诉讼法》确立的行政诉讼制度属于主观诉讼制度"，[2]对我国行政诉讼的性质进行了定性。尽管经过了2014年、2017年的两次修正，但行政诉讼仍然没有摆脱以往立法的路径依赖，仍然是一种以个人权利救济为主要特点的诉讼，行政诉讼的主观诉讼定位并未发生实质性改变，原告为了维护自己的合法权益、恢复被损害的利益而进行的诉讼，可以说，"我国行政诉讼在功能定位上更偏向于主观权利救济功能的判断应更为妥当"。[3]而李洪雷教授则对修正后的《行政诉讼法》作出了更加明确的评价，他认为，"我国现行《行政诉讼法》所规定的行政诉讼，其基本性质是民告官的主观诉讼……而检察机关提起行政公益诉讼，是以维护、监督依法行政为主要目的，属于客观诉讼……二者在起诉资格、举证责任、程序进行等等方面都存在重大的差异"。[4]学者们不仅在理论上有如此认识，而且在实践案例中，也有此种倾向。正如最高人民法院在刘某

---

[1] 姜明安："行政诉讼功能和作用的再审视"，载《求是学刊》2011年第1期，第84页。

[2] 于安："发展导向的《行政诉讼法》修订问题"，载《华东政法大学学报》2012年第2期，第101页。

[3] 伍昉："从行政诉讼功能定位看类型化发展——以主观诉讼、客观诉讼为分析视角"，载《湖北警官学院学报》2013年第12期，第147页。

[4] 李洪雷："检察机关提起行政公益诉讼的法治化路径"，载《行政法学研究》2017年第5期，第54页。

明案中的阐述:"现行行政诉讼法在确定原告主体资格问题上,总体坚持主观诉讼而非客观诉讼理念,行政诉讼首要以救济原告权利为目的。"[1]

2. 我国行政公益诉讼的客观诉讼特点

实际上,我国行政公益诉讼从建立之日起就具有客观诉讼的特点,集中体现为:一是所保护利益的公益性。"狄骥通过客观法理论将公益保护与客观诉讼紧密关联在一起。"[2]我国行政公益诉讼是为了维护国家利益和社会公共利益,无论从试点期间还是全面推行期间,始终坚持公益性特点,"最核心的公益诉讼目的是保护公益,最基本的出发点是回应社会各界关切,特别是人民群众对侵害公共利益行为的关切",[3]而且"除了可救济具体受损公益之外,还具有维护法制统一的功能",[4]这比境外客观诉讼所保护的利益在表述上更加直接地指向公共利益。二是检察机关是唯一的提起主体。作为提起的主体,检察机关本身就具有法律监督职责,在行政公益诉讼中,检察机关代表国家,对行政机关违法或不作为行为进行监督,在诉讼中没有自己的利益,与境外在提起主体上常常是公民或相关组织相比,我国行政公益诉讼的客观诉讼特点更为突出,是典型的"官告官",是检察监督权与行政权的关系,完

---

[1] 参见刘某明案,最高人民法院行政裁定书[2017]行申169号。
[2] 参见刘艺:"行政法的功能主义之维",载文正邦主编:《宪法与行政法论坛》(第4辑),法律出版社2010年版,第12页。
[3] 详见邢翀、梁晓辉:"官方解读检察机关提起公益诉讼制度入法",载http://www.chinanews.com/gn/2017/06-27/8262960.shtml,最后访问日期:2020年11月15日。
[4] 陈丽芳、郑璐:"论客观诉讼之行政公益诉讼",载《西部学刊》2019年第13期,第64页。

全区别于主观诉讼中"民告官"的权利与权力之间的关系。

其实,在我国行政公益诉讼建立之前后,相关学者对其诉讼性质就进行了探讨。较早时期,林莉红教授就提出作为客观诉讼的行政公益诉讼的观点,主张"借鉴域外主观诉讼与客观诉讼区分理论,可以建构我国的行政公益诉讼,并丰富我国行政诉讼类型"。[1]而在行政公益诉讼制度正式建立后,刘艺教授通过实证考察,更加明确地提出,行政公益诉讼呈现的客观诉讼特征,是"基于客观诉讼逻辑",且"不论在案内还是案外都发挥了维护客观法律秩序的功效"。[2]

正是由于属于不同的诉讼类型,两者虽然被同时置于同一部《行政诉讼法》中,却难以融为一体,显现出较大的分歧和隔阂。《行政诉讼法》不适用公共利益保护的问题日趋明显,也暴露出行政公益诉讼的实践与《行政诉讼法》既有规范之间的冲突与不协调。必须基于客观诉讼的逻辑,重新构建行政公益诉讼的法律规范体系。

(三)必须建立以客观诉讼为基础的行政公益诉讼法律规范体系

"主观诉讼与客观诉讼在行政诉讼中发挥着不同的结构功能,其区分实益在于立法中应根据各自的性质而设计不同的诉讼程序规则。"[3]长期以来,我国行政诉讼是以主观诉讼为主,

---

[1] 林莉红、马立群:"作为客观诉讼的行政公益诉讼",载《行政法学研究》2011年第4期,第3页。

[2] 刘艺:"构建行政公益诉讼的客观诉讼机制",载《法学研究》2018年第3期,第47页。

[3] 马立群:"主观诉讼与客观诉讼辨析——法国、日本行政诉讼为中心的考察",载谢进杰主编:《中山大学法律评论》(第8卷·第2辑),法律出版社2010年版,第250页。

第七章　独立的法律规范构建

而缺乏客观诉讼，出现了公共利益缺乏保护的弊端，在这种背景下，建立客观诉讼制度一直是理论界和实务界多年的呼声。经过多年酝酿，加上国家的重点关注，尤其是十八届四中全会提出"探索建立检察机关提起公益诉讼制度"之后，作为专门保护公共利益的公益诉讼呼之即出。经过两年的试点，我国建立了一种以保护国家利益和社会公共利益为目的的行政公益诉讼制度。这是一种既吸收了客观诉讼之精华内容，也具有我国自己特色的诉讼制度。

主观诉讼与客观诉讼在当事人间的关系、受案范围、举证责任规则等方面，都有较大差异性，正如于安教授所说的，"客观诉讼要求对行政诉讼的许多程序作出不同于主观诉讼的相应变化和特别的制度安排，包括受案范围、当事人的起诉资格、审判组织的结构、法官审查行政行为的范围和方式，特别是法院在证据调查查明事实中的职能、法院判决的种类和对生效判决的执行程序等诸多方面。"[1]因此，以主观诉讼为基础而制定的《行政诉讼法》，无法包容以客观诉讼为特点的行政公益诉讼，"要在主观诉讼特征明显的行政诉讼程序中嵌入一整套客观诉讼机制，必将对传统的行政诉讼观念和制度产生巨大的冲击"，[2]由此出现《行政诉讼法》所确定的规则难以适应行政公益诉讼的情形。为此，"行政公益诉讼只有基于客观

---

[1] 于安："行政诉讼的公益诉讼和客观诉讼问题"，载《法学》2001年第5期，第17页。

[2] 刘艺："构建行政公益诉讼的客观诉讼机制"，载《法学研究》2018年第3期，第48页。

诉讼逻辑,才能得到清晰阐述和良性发展",[1]才能真正实现行政公益诉讼的初衷。

当下,行政公益诉讼必须从普通行政诉讼中独立出来,从行政诉讼法律规范体系中独立出来,这是构建行政公益诉讼法律规范体系的前提,必须在法律框架内使得行政公益诉讼具有自己的独立性,必须加强立法规范的供给,建立专门的行政公益诉讼法律规范,必须重新构建行政公益诉讼的法律规范体系。

值得注意的是,我国检察机关作为唯一提起行政公益诉讼的起诉人,其本身就具有法律监督职责,不仅与普通行政诉讼原告有较大区别,也与境外客观诉讼的原告有很大不同。后者在起诉时可以适用主观诉讼原告的相关程序、规则等,因此,将其放置于同一部法律之中进行规定未尝不可。例如,德国为公民权利进行救济的主观诉讼与为公共利益的协会之诉、规范审查之诉的客观诉讼,除了诉讼主体有差异,在诉讼程序、诉讼规则等方面,都可以同样适用,因此,将其置于同一的《行政法院法》之中作出规定,是完全可以的,而且更节约立法成本。然而,我国检察机关提起的行政公益诉讼,在适用程序、适用规则等方面已经无法直接适用普通行政诉讼的程序、规则等,而是适用了自己正在创造的一套规则,在这种情况下,如果还将他们置于同一《行政诉讼法》之中,不仅对行政公益诉讼本身的实施不利,而且对普通行政诉讼制度的实施,也是一种干扰。

---

[1] 刘艺:"构建行政公益诉讼的客观诉讼机制",载《法学研究》2018年第3期,第40页。

其实，一些国家在对主观诉讼与客观诉讼有了认识之后，也逐步建立了各自的诉讼机制，以便更方便地对相关案件进行审理。例如，作为英美法系代表之一的英国，本来没有主观诉讼与客观诉讼之分，但随着其诉讼制度的发展，出现了普通救济诉讼和特别救济诉讼，前者属于个人权利救济，相当于主观诉讼，后者是对各地治安法官的监督，是一种公法救济，相当于客观诉讼。在认识到这两者的差异后，英国便将具有客观诉讼性质的特别救济诉讼独立出来，作为单独的司法审查程序，适用于单独的程序、时效、起诉资格、审理方式等，"构建与之相匹配的诉讼规则，以有效地实现不同的诉讼目的"。[1]法国的成文法虽然没有明确主观诉讼与客观诉讼的类型，但在实践中，针对当事人的不同诉讼请求，针对这两种不同的诉讼类型，法院适用了不同的诉讼程序和诉讼规则。而在日本，虽然《行政诉讼法》也对行政公益诉讼作出了规定，但只是原则性规定，并同时明确具体诉权的享有由法律作出特别规定，以体现与主观诉讼的区分。

三、重新构建行政公益诉讼法律规范体系的具体内容

重构行政公益诉讼的法律规范体系是一种必然。由于我国行政公益诉讼具有中国特色，不能完全照搬境外客观行政诉讼的模式，必须结合我国实际，对行政公益诉讼进行专门设计，并规定在专门的法律规范之中，为行政公益诉讼提供量身定做的法律依据。

---

〔1〕 参见薛刚凌、杨欣："论我国行政诉讼构造：'主观诉讼'抑或'客观诉讼'？"，载《行政法学研究》2013年第4期，第32页。

由于行政公益诉讼也是以行政机关作为被告的，在某些程序、规则方面与普通行政诉讼具有少许相似之处，但行政公益诉讼更具有特殊之处。为此，必须在比较的基础上结合行政公益诉讼特点，对行政公益诉讼的主要规则和内容作出科学设计和明确规定。具体而言，未来行政公益诉讼立法的重点内容可以作如下设计：

(一) 规定行政公益诉讼特有的诉讼原则

诉讼原则是一部法律的重要内容，对该部法律的实施具有重要指导作用，并可以弥补法律规定的不足。不同的诉讼类型有自己的诉讼原则，普通行政诉讼对行政行为进行合法性审查的原则在行政公益诉讼中不再适用。[1]作为区别于其他诉讼类型的行政公益诉讼，也必须具有自己特有的诉讼原则。其中的两个原则应当为：一是保护国家利益或社会公共利益原则。这是其区别于普通行政诉讼的典型特征，也是行政公益诉讼的基本前提，否则，行政公益诉讼就失去了存在的基础和价值。必须将其作为一个诉讼原则加以明确，并在这个原则的指导下，在相应条款中作出规定，包括在举证责任规则中有所体现。二是公共利益得到完全恢复的实质性审查原则。普通行政诉讼对行政行为采取的是合法性审查原则，而所谓合法性审查是指合乎法律规范的规定，是一种形式意义的合法性审查，体现为：证据是否确凿，适用法律、法规是否正确，是否符合法定程序，是否存在超越职权、滥用职权、明显不当等情形，是否以法律文本来衡量行政行为符合法律规定的程度。而行政公益诉

---

[1] 参见田一博："应当设计独立的行政公益诉讼制度"，载《东南大学学报（哲学社会科学版）》2020年第S1期，第73页。

讼中大多数是行政不作为的案件，无法按照这个原则进行审查，而且即使行政行为在形式上是合法的，但如果国家利益或社会公共利益受到侵害且未得到彻底消除，仍应按照行政机关未履行法定职责对待。从这个意义上讲，行政公益诉讼关注的不仅仅是行政行为形式上的合法性问题，更关注国家利益或社会公共利益是否得到恢复或侵害行为是否得到彻底消除的实质合法性；不仅从法律规定上审查行政行为的合法性，还要从国家利益或社会公共利益是否得到全面恢复的现实来考察；不限于对行政行为本身的合法性审查，更关注行政行为之外的国家利益或社会公共利益是否得到完全救济，其合法性的内容和范围更为宽泛，必须将公共利益是否得到完全维护或救济作为法院审查的主要原则之一。为此，要将上述内容作为行政公益诉讼的基本原则在行政公益诉讼法律规范中加以明确规定。

(二) 厘清行政公益诉讼特有的受案范围

对行政公益诉讼受案范围，有过固定式和开放式之争，前者以具体列举为特征，后者则以概括式为特征。实际上，产生这种争议，源于现行行政诉讼受案范围模式的影响，没有跳出概括与具体的窠臼。笔者认为，由于行政公益诉讼重点关注的是国家利益或社会公共利益，因此，其受案范围的设计也应具有自身特点。

首先，继续采取以领域名称为范围的肯定式列举方式，并逐步扩展。领域名称不再关注具体的行政行为，而是关注公共利益可能发生的领域，这种受案范围的设计，更符合行政公益诉讼受案范围的特点。目前，除了已有的生态环境和资源保护、食品药品安全、国有财产保护、国有土地使用权出让等领域范围，还要把已经较为成熟的文化遗产保护、不当设置与维护公共设施、规划等领域，明确列入行政公益诉讼范围。除了明确列举之外，还可以使用一个兜底条款，即法律法规规定的可以提起行政公益诉讼的事项。这意味着行政公益诉讼的范围并非封闭的，而是给实践留下丰富的空间。随着行政公益诉讼实践的不断发展，会有越来越多的领域事项进入行政公益诉讼范围，达到对行政权行使的广泛监督。[1]应当允许各地方人大对较为成熟的事项采取"决定"的方式将之纳入公益诉讼范围，并逐步向全国推广。目前已经有十多个省级人大通过专项决定方式将某些事项纳入了公益诉讼范围，将案件范围拓展到十多个领域。[2]

其次，要明确将非具体行政行为列入受案范围，以与领域受案范围进行互补。与主要是将具体行政行为作为受案范围的普通行政诉讼不同的是，行政公益诉讼所监督的并非都是具体行政行为，有许多是针对准行政行为、行政事实行为，甚至是抽象行为，只要侵害国家利益或社会公共利益的行政相关行为，都可以逐步纳入行政公益诉讼范围，而不能拘泥于行为的性质，对此，应当在法律中予以明确。

（三）在管辖方面要体现行政公益诉讼特色

《行政诉讼法》没有对行政公益诉讼管辖问题有所涉猎，而普通行政诉讼管辖并不适合行政公益诉讼；《公益诉讼司法解释》只规定了"基层人民检察院提起的第一审行政公益诉

---

[1] 参见王春业、王娟："论行政公益诉讼范围的'等外'解读"，载《浙江学刊》2019年年第6期，第103页。

[2] 参见闫晶晶："积极稳妥拓展公益诉讼案件范围"，载 https://baijiahao.baidu.com/s? id=1725361041926111495&wfr=spider&for=pc，最后访问日期：2020年11月15日。

案件，由被诉行政机关所在地基层人民法院管辖"。为此，应当设计行政公益诉讼特有的管辖制度。

首先，在地域管辖方面。由于检察机关只能对本地行政机关进行监督，不像普通行政诉讼那样，原告还可以对外地的行政机关提起诉讼，因此，在行政公益诉讼中，行政违法或不作为的行政机关，不可能是检察机关所在地以外的行政机关；而且从发生的案件来看，都具有"本地性"特点。换言之，行政公益诉讼的地域管辖往往就是同一地的检察机关、行政机关和法院"三机关合一地"，不会出现普通行政诉讼的共同管辖、移送管辖等纷繁复杂的管辖情形。还要注意的是，"三机关合一地"的地方往往也是国家利益或社会利益受到侵害的地方，为此，行政公益诉讼中，可以继续采取地域管辖原则，但要以国家利益或社会公共利益受到侵害所在地的法院作为管辖法院。

其次，在级别管辖方面。与普通行政诉讼相比，由于检察机关的特殊地位，外在干预较少，行政公益诉讼没有普通行政诉讼那样非要强调高级别的法院管辖。提起行政公益诉讼的主体一般是行政机关所在地的检察机关，但也可以是其上级检察机关，尤其是检察机关实行一体化办案，即使案件在层级比较低的法院审理，也可以采取由上级检察机关作为提起诉讼的起诉人或派员参加方式来解决地方干预问题。为此，除非某些案情非常重大的案件由更高级别的法院审理更为合适外，仍然可以采取由基层法院管辖第一审行政公益诉讼案件的方式。

最后，建立案件管辖协商制度。由于检察机关与法院都属于司法机关，在管辖方面，还可以就某些管辖问题进行沟通协调，对于案情重大需要更高级别的或其他地方的法院来审理，或极少数跨行政区划的案件，[1]由检察机关与法院协商具体管辖的法院，以解决管辖中的新问题。

此外，行政公益诉讼也不存在所谓经过复议的案件的管辖问题。

（四）设计行政公益诉讼特有的举证责任分配规则

举证责任是证明责任中的一种，我国的证明责任理论源于域外，特别是大陆法系的主观证明责任和客观证明责任理论对我国影响较大，并与行为意义的证明责任和结果意义的证明责任相对应。"行为意义上的证明责任指的是主观的证明责任，结果意义上的证明责任指的则是客观的证明责任。"[2]因此，举证责任实际上是一种主观证明责任，是诉讼当事人为了避免败诉的风险，对其提出的主张提供相关证据并加以证明的法律责任，是一种义务，往往与诉讼风险相联系。"在辩论主义模式的诉讼中，当事人不仅必须证明为裁判所需要的事实，而且还要通过提出主张来参与诉讼，于是，其主张便成为判决的基础。"[3]在行政公益诉讼中，举证责任主要在检察机关与行政机关之间进行合理分配，要设计出专门针对行政公益诉讼的证据规则。

就检察机关举证责任而言，首先，应当对所保护利益的公

---

[1] 跨行政区划案件的管辖问题，尤其是实践中出现的检察机关、行政机关、审判机关所在地分离的特殊问题。

[2] 李浩："证明责任的概念——实务与理论的背离"，载《当代法学》2017年第5期，第3页。

[3] [德]莱奥·罗森贝克：《证明责任论》（第5版），庄敬华译，中国法制出版社2018年版，第54页。

益性进行举证。在已发生的案例中，虽然很少有被告对此提出怀疑，但作为一项规则，行政公益诉讼必须坚持公益性原则，检察机关应当对此进行举证，以防止检察机关为了自己单位的某些利益而滥用诉权现象。其次，对被告具有法定职责进行举证。对于不作为的案件，检察机关应证明相关行政机关具有法定职责，检察机关通过此类举证，以便精准地确定被告；而对于行政机关违法行使职权的案件，检察机关无需进行举证，仍由行政机关承担举证责任。最后，对造成的损害事实以及侵害行为仍在持续等，检察机关要进行举证。此外，检察机关还需对经过诉前程序进行举证。

就行政机关举证而言，对于作为的案件，仍然采取举证责任倒置的举证规则，而对于绝大多数行政不作为的案件，行政机关的举证责任是：首先，行政机关要对不能履行的客观原因进行举证，以达到免除或减轻法律责任的目的。其次，举证证明其已经履行了法定职责，尤其是要在履行的"充分性"方面进行举证，包括违法行为得到了有效制止、受损利益得到了全面恢复、行政机关已经用尽了可以采用的法定履职手段，而不是仅仅履行职责的举证。最后，要证明已在诉前程序中及时反馈或落实了检察建议。其中，在作为的案件中，行政机关要证明已经纠正了违法行为，重点放在纠正的"彻底性"；在不作为案件中，行政机关举证的重点应放在履行的"充分性"方面，而不是履行的"有与无"。

(五) 规定行政公益诉讼特有的起诉和受理制度

就起诉环节而言。首先，行政公益诉讼案件没有复议环节，不存在普通行政诉讼关于复议案件起诉的要求。其次，对行政公益诉讼案件也不存在普通行政诉讼的起诉时限要求，因为保护国家利益或社会公共利益没有时间的限制，只要侵害行为或损害后果仍然存在，即使是一些遗留的后果，也需要进行纠正或恢复。最后，对行政公益诉讼要有诉前程序这个必经的前置程序。此外，对检察机关提起诉讼的条件，也应不同于对原告的规定和要求。

就受理环节而言。行政公益诉讼是否要采取登记立案制度，值得探讨，因为登记立案制度的实行，有其特殊的背景和前提，主要是由行政机关的干预导致法院不敢受理不愿受理的立案难问题，而通过"改革法院案件受理制度，变立案审查制为立案登记制，对人民法院依法应该受理的案件，做到有案必立、有诉必理，保障当事人诉权"，[1]有效防止将案件挡在法院门外的问题。但对于由检察机关提起的行政公益诉讼而言，这些背景与前提都不存在，法院不予受理的相关情形，在行政公益诉讼中也不复存在。因此，对行政公益诉讼仍然需要采取传统的审查立案的方式，由法院在审理之前进行一次把关，可以达到节约司法资源的目的，也可以有效防止检察机关对诉权的滥用。当然，对于不符合起诉条件的或事实不确凿的，法院可以采取退回检察机关补充相关材料的方式，让检察机关进一步完善诉讼材料，而不应采取驳回方式；而且对诉讼材料的完善也可以有效防止因证据不足等原因而导致检察机关败诉的尴尬局面。

（六）行政公益诉讼审理过程中相关问题的处理

在行政公益诉讼案件审理过程中，其一，实行检察机关的

---

[1] "人民法院立案登记制改革成效新闻发布会"，载 https://www.court.gov.cn/zixun-xiangqing-367831.html，最后访问日期：2020 年 9 月 16 日。

当事人化。尤其是检察机关对案件不服的,应当适用上诉,而不是抗诉,这与作为诉讼监督的检察机关的法律地位有所不同,以确保法院对案件事实的查清和公正裁判。其二,诉讼期间对行政行为的处理要有利于防止公共利益的进一步损害。由于行政公益诉讼涉及公共利益,没有个人利益或单位利益在其中,为此,对于行政违法行为,要实行以停止执行为主的制度;对于行政不作为的行为,检察机关可以请求法院发出执行令状,要求行政机关先予执行,以防止侵害和损害的进一步扩大。其三,在案件审理过程中,检察机关可以根据案件情况作出变更诉讼请求或撤诉,人民法院应当准许。其四,调解的特殊内容。普通行政诉讼有限调解主要适用于行政赔偿、补偿及行政机关裁量权的案件,而这些情形只在相对人身上才出现,在行政公益诉讼中不存在此类问题。但行政公益诉讼也应当有自己可以调解的领域,那就是在因客观情况或历史遗留问题等而导致行政机关无法在短期内将公共利益完全恢复到侵害前的状态时,检察机关可以与行政机关就恢复的时间或阶段达成协议,从而使案件得到终结。其五,不必设置简易程序。在《行政诉讼法》中,简易程序所规定的条件,都是发生在相对人身上,而不会出现在检察机关那里出现,而且如果案件真达到了"事实清楚、权利义务关系明确、争议不大"的条件,在诉前程序就已经解决,不会再到诉讼程序中。其六,对关联案件可以合并审理,[1]解决诉讼中必须一事一诉的困境,为行政公益诉讼一并解决更多问题奠定基础。此外,二审程序的优化也是

---

[1] 目前尽管有相关司法解释对此作出了规定,但这已经超越了法律文本的本来含义,必须通过完善相关立法的方式来解决其法律规范和法律依据问题。

需要进一步研究的问题。

(七) 采用行政公益诉讼特有的判决形式

由于注重对原告诉讼请求的回应,《行政诉讼法》规定了多种判决形式,[1]可谓判决形式丰富多彩。行政公益诉讼具有公益性特点,其判决也应主要围绕行政机关的行为及公共利益展开,特别是不应涉及对提起主体的评价问题,而《行政诉讼法》所规定的判决形式大多数并不适合行政公益诉讼,而且,即使名称相同的判决形式,在内涵上也有区别。首先,行政公益诉讼不采取驳回起诉或诉讼请求的判决。正像前文所言,对证据材料不足的,可以采取退回检察机关补充的方式来解决,待符合受理条件后再受理。而在相关材料齐备的情况下,也不会出现驳回诉讼请求的判决。其次,不必采取撤销判决。行政公益诉讼最终目的是使公共利益得到维护或恢复,仅仅对行政行为的撤销无法达到行政公益诉讼目的,也没有任何意义,而促使行政机关积极履行法定职责,尽快使被侵害的公共利益恢复到原初状态才是最终目的。最后,少用确认违法判决。对行政公益诉讼而言确认违法至多只具有宣示性意义,而没有实质性意义,因为,如果只确认违法而没有督促行政机关履行法定义务,则难以达到对国家利益和社会公共利益保护的目的,而促使行政机关积极履行职责,本身就可以涵盖确认违法行为;而且《行政诉讼法》所规定的确认违法适用的情形都不适合行政公益诉讼。同样,给付判决、确认无效判决、采取补救措施、赔偿判决、补偿判决、变更判决等,都不符合行政公益诉

---

[1]《行政诉讼法》第69条至第78条规定了11种裁判形式,包括:驳回诉讼请求;撤销判决;重作判决;履行判决;给付判决;确认违法判决;确认无效判决;采取补救措施;赔偿判决;补偿判决;变更判决。

讼的特点。

根据行政公益诉讼案件的特点，要以国家利益或社会公共利益的维护为核心要素来设计判决的形式。为此，一审裁判的形式可作如下设计：一是未侵害公共利益判决。主要是针对侵害的利益不是国家利益或社会公共利益的情形而作出的判决，这种评价不是针对提起诉讼的检察机关，而是针对公共利益的情形，既达到了不支持检察机关诉讼请求的目的，也不至于使得检察机关陷于尴尬境地。二是纠正违法行为判决。所针对的是行政违法行为侵害了国家利益或社会公共利益而判决行政机关纠正的情形。三是履行判决。针对的是行政机关没有履行法定职责或履行法定职责不充分等而判决其履行或充分履行的情形等。需要注意的是，这里即使使用了履行判决，也与《行政诉讼法》中的履行判决具有不同含义，后者是要求行政机关对相对人作出某种行政行为，而前者则不是针对相对人，甚至是在许多情况下没有相对人时作出的履行行为。四是一案采取多个判决形式。《行政诉讼法》所规定的判决形式是针对单个行政行为作出的，而且，一个案件往往只适用一种判决形式，即一案一判决，很少将两种判决形式运用于同一个案件中。但行政公益诉讼是以维护国家利益或社会公共利益为最终目的，其所针对的行为不一定是一种违法行为或一种不作为行为，有时也不一定都是具体行政行为。因此，在所作出的判决形式中，一切也应以恢复国家利益或公共利益为目的，并不能拘泥于一种判决形式，即使确认违法或确认无效的，也应当有督促行政机关恢复国家利益或社会公共利益的判决形式。

（八）对诉前程序进行适度司法化

诉前程序是行政公益诉讼特有的一种前置、必经的程序，对于促进行政机关自我纠错、节约司法成本都起到了一定意义。"检察机关通过提出检察建议督促行政机关依法履行职责，增强了行政机关依法行政的主动性和积极性"，[1]但《行政诉讼法》关于诉前程序只有一句话，即在起诉前，"应当向行政机关提出检察建议，督促其依法履行职责"。而对诉前程序该如何操作，则没有作出进一步规定。试点期间文件以及后来的司法解释，对诉前程序作了进一步解释，规定了行政机关在收到检察建议之日起2个月内和紧急情况15日内书面回复。而在实践中，诉前程序应当如何操作，各地做法不一。随着行政公益诉讼案件的增多，这种诉前程序也暴露出不少缺陷，最主要的是，诉前程序本身的行政化色彩过浓，呈现单向性结构，没有其他当事方的积极参与：在提出检察建议之前，检察机关是基于"在履行职责中发现"行政违法或行政不作为的行为，并据此向行政机关提出检察建议，其中，查找证据和作出判断，都是检察机关一方的单方行为；在检察建议向行政机关发出后，行政机关是否"依法履职"，履职是否达到了充分程度，也是由检察机关单方作出判断，而没有给行政机关辩解的机会。随着案件的增多，单向性诉前程序也加重了检察机关调查取证的负担，一定程度上影响了办案积极性，为此，诉前程序适度司法化的呼声不断涌现。

所谓诉前程序适度司法化，就是适度引入审判程序中的司法元素，按照司法方式运行，构建具有司法特点的诉前程序机

---

〔1〕"关于《中华人民共和国行政诉讼法修正案（草案）》和《中华人民共和国民事诉讼法修正案（草案）》的说明"，载http://www.npc.gov.cn/npc/c10134/201706/c47ac51aab1644efb8b171a7a862099e.shtml，最后访问日期：2020年11月20日。

第七章 独立的法律规范构建

制,尤其是要建立诉前程序对审听证制度。[1]具体而言,可以分为两个阶段:一是在检察建议提出之前阶段。检察机关发现行政机关有违法或不作为情形时,在进行必要的调查取证后,即举行由调查人员作为一方,行政机关作为另一方,而没有参与案件的检察机关其他人员作为主持人的三方构造,由调查人员与行政机关围绕着行政机关是否违法或不作为进行必要的举证质证后,检察机关据此作出判断并向行政机关发出检察建议。通过对审听证,检察建议有了坚实的事实依据,也增强了检察建议的说服力。二是在检察建议发出后的阶段。对于行政机关是否履行检察建议以及履行的程度,同样举行由办案部门与行政机关之间的举证质证,并由没有参与案件的其他部门作为主持人,通过双方的对审听证,充分了解行政机关履行检察建议的情形,以决定是否向法院正式提起行政公益诉讼。可见,"司法化程序的核心要素是主体之间的关系结构",[2]诉前程序的适度司法化是双方当事人两造对抗,检察机关以一种更为客观的视角,查清案件事实,为检察机关是否发出检察建议、发出怎样的检察建议、是否决定提起行政公益诉讼提供坚实的事实基础。至于诉前程序适度司法化是否会影响效率问题,笔者认为,不会影响效率。实际上,在诉前程序中,检察机关为了弄清案件事实情况,也通常与相关行政机关多次沟通,并没有提高效率,而通过诉前程序的适度司法化,通过两次听证,就可以将案件事实查清,更有利于提高办案效率。

---

[1] 参见王春业:"论行政公益诉讼诉前程序的改革——以适度司法化为导向",载《当代法学》2020年第1期,第96页。

[2] 左卫民:"司法化:中国刑事诉讼修改的当下与未来走向",载《四川大学学报(哲学社会科学版)》2012年第1期,第153页。

为此，需要在专门的行政公益诉讼法律规范中，对诉前程序及其适度司法化问题作出明确规定，更好地发挥诉前程序的缓冲作用，并真正成为促进行政公益诉讼良性发展的前置程序。

（九）建立行政公益诉讼的预防性制度

我国行政诉讼不仅具有主观诉讼的特点，而且具有事后救济的特点，强调行政行为的成熟性原则，"行政程序必须发展到适宜由法院处理的阶段，即已经达到成熟的程序，才能允许进行司法审查。通常假定行政程序达到最后决定阶段才算成熟"，[1]这是在损害发生后对相对人损失进行的救济。然而，行政公益诉讼保护的是国家利益或社会公共利益，利益涉及范围广、人群多，特别一些重要利益具有受损后难以弥补的特点，如果采取事后救济的方式，等待损害发生后再进行救济，其后果将十分严重，即使救济了，也难以弥补所受侵害或难以恢复到损害前的状态。而预防性诉讼的重要功能就是在损害尚未发生但可能发生的情况下而预先提起诉讼，以阻止损害的出现或发生，"正因为行政公益诉讼所保护利益的特殊性，利益对象的普遍性，因此，保护应以预防保护为主，而不是以损害发生后的事后保护为主，更不能允许眼睁睁地看着国家利益或社会公共利益即将发生危害而束手无策或坐等发生或视而不见，因此，应当允许检察机关提起预防性行政公益诉讼，达到预防或提前制止危害的发生，防患于未然"。[2]对此，应当将那些尚未受损但可能受损的涉及公共利益的案件纳入保护之

---

〔1〕 王名扬：《美国行政法》，中国法制出版社2005年版，第637页。

〔2〕 王春业："论检察机关提起'预防性'行政公益诉讼制度"，载《浙江社会科学》2018年第11期，第54页。

中，形成预防性行政公益诉讼，并对其适用的情形、提起的时机、裁判的形式等作出明确规定。

四、行政公益诉讼法律体系构建的立法模式选择

要重构行政公益诉讼法律规范体系，首先要加强法律规范的供给，为行政公益诉讼提供更加合适的法律规范。对此，可能的立法模式有以下选择：[1]一是在《行政诉讼法》中设行政公益诉讼专章，[2]以解决行政公益诉讼法律规范不完备的问题。二是制定专门的行政公益诉讼法，作为独立的法律对行政公益诉讼作出专门规定。

对于第一种立法模式，正如上文所论证的那样，由于现行《行政诉讼法》是以权利救济为主要导向的主观行政诉讼，更多的是对相对人诉求的回应，其所有制度的设计都是围绕着相对人的权利救济展开的，难以包容和适用于具有客观诉讼性质、以维护国家利益和社会公共利益为己任的行政公益诉讼，因此，即使在《行政诉讼法》中设立专章规定行政公益诉讼，仍然无法解决两种诉讼的相融问题，反而显得不伦不类，不仅不利于行政公益诉讼制度的建构和发展，也破坏了现有的行政诉讼整体架构，是一种不科学、不合理、不协调的立法模式。对于第二种立法模式，虽然是较为合适的选择，可以为行政公

---

[1] 在行政公益诉讼入法之前，曾有过多种主张，其中包括制定统一的《公益诉讼法》，将行政公益诉讼与民事公益诉讼在该法中统一规定。这种主张显然只关注到了"公益诉讼"，而没有厘清民事公益诉讼与行政公益诉讼的巨大差异，将两者置于一个法之中，更会造成适用上的新障碍。

[2] 李洪雷教授就认为，未来在《行政诉讼法》中，应就检察机关提起公益行政诉讼以专章加以规定。参见李洪雷："检察机关提起行政公益诉讼的法治化路径"，载《行政法学研究》2017年第5期，第54页。

益诉讼制定量身定做的法律规范，但问题是，专门制定的行政公益诉讼法与《行政诉讼法》之间是何种关系？对此，必须加以解决。

实际上，对行政公益诉讼与行政诉讼之间的关系，一直就存在争论，包容性理论和独立性理论就是两个具有代表性的理论，两种理论又可进一步细分。[1]而笔者认为，即将制定的行政公益诉讼法，并不是与《行政诉讼法》毫无关联的，而应该作为《行政诉讼法》的特别法。[2]行政公益诉讼也是以行政机关作为被告，并以促进行政机关依法履职为目的，因此，与行政诉讼也并非完全没有共通性，也有某些可以共同适用的程序规则；而且，《行政诉讼法》已经将行政公益诉讼写入其中，没有必要再从中剔除该条款。又由于两种诉讼在诉讼性质、内容、程序构造、诉讼机理等方面存在较大差异，行政公益诉讼是普通行政诉讼的特殊情形，可以制定专门的行政公益诉讼法，作为《行政诉讼法》的特别法，对《行政诉讼法》第25条第4款进一步落实，可以有效地解决行政公益诉讼与行政诉讼的关系，解决行政公益诉讼法与《行政诉讼法》间的关系。

---

[1] 其中，包容性理论又有两种观点，一种认为，行政公益诉讼内嵌于我国行政诉讼制度之中，另一种认为，需要通过修改我国《行政诉讼法》的方式来予以确认；独立性理论也可分为"彻底独立性理论"和"部分独立性理论"两类。参见练育强："争论与共识：中国行政公益诉讼本土化探索"，载《政治与法律》2019年第7期，第138～140页。

[2] 在罗马法中，对某个一般规范加以变通的个别规范，即由于特殊原因而表现为一般规范的例外的个别规范，为个别法（特别法）；与此相对应，在狭窄的例外范围之外适用的一般规则（原则），为共同法（一般法）。罗马法学家保罗对个别法的定义为：个别法是立法当局为某种功利而引入的违背法的一般规则的法。参见孔祥俊：《法律规范冲突的选择适用与漏洞填补》，人民法院出版社2004年版，第267页。

第七章　独立的法律规范构建

　　行政公益诉讼法立法框架的内容应当包括：对行政公益诉讼所保护的公共利益界定、诉讼提起主体及其特有的转移规则、管辖制度、受案领域范围及其扩展方式、诉前程序及其与诉讼程序的衔接、诉讼程序、检察机关的调查取证权、举证责任配置规则、判决形式运用、预防性诉讼提起的条件等；此外，还要规定，在行政公益诉讼法没有规定的内容，可以适用《行政诉讼法》的相关规定，或直接指明可以适用的行政诉讼法的条款，由此，形成了行政公益诉讼独特的法律规范。当然，立法中，要对最高人民法院、最高人民检察院《公益诉讼司法解释》中的内容加以吸收，以节约立法成本，其中包括行政公益诉讼起诉人身份的明确、检察建议期限制度、检察机关诉讼的撤回制度等。同时，要对最高人民法院、最高人民检察院司法解释中的行政公益诉讼管辖制度、检察机关调查取证制度、登记立案制度、判决形式等进行必要的改造，使之符合行政公益诉讼制度的特点。

　　在制定特别法的行政公益诉讼法基础上，做好相应的司法解释，真正按照对具体应用法律问题进行解释的方式，对相关条款进行细化，提高其操作性，并成为行政公益诉讼法律规范体系的重要组成部分。

　　此外，还要按照行政公益诉讼法的要求，完善其他相关法律，比如，在《检察院组织法》中增加检察机关调查权的条款，在《检察官法》中增加检察官开展行政公益诉讼的权利与义务等，由此形成对行政公益诉讼的支持，并成为行政公益诉讼法律规范体系的有机组成部分。

　　由此形成的行政公益诉讼法律规范体系为：一是以《行政诉讼法》第25条第4款为基础。这也是连接行政公益诉讼与普通行政诉讼的纽带性条款，是体现了一般法与特别法关系的条款。二是以特别法行政公益诉讼法及其司法解释为骨干，这是行政公益诉讼的基本法律，也是行政公益诉讼法律规范体系最核心、最主要的部分。三是以其他相应配套法律法规为补充，包括《检察院组织法》《检察官法》等相关实体法。由此形成完整的行政公益诉讼法律规范体系，为行政公益诉讼提供更加明晰的法律依据。

结　语

在我国诉讼种类方面，民事诉讼是"民告民"，刑事诉讼是"官告民"，而行政诉讼是"民告官"。然而，行政公益诉讼却有着不同于上述诉讼构造的情形，即"官告官"，作为国家机关的检察机关起诉作为国家机关的行政机关。不同主体之间的诉讼应当采取不同的诉讼模式。例如，"民告民"，形成了民事诉讼模式；"官告民"，形成了刑事诉讼模式；"民告官"，形成了行政诉讼模式。而行政公益诉讼虽然也是以行政机关为被告的，但呈现出的却是"官告官"模式，与"民告官"的普通行政诉讼模式有较大差异。行政公益诉讼并不是行政诉讼的一种，类似于"熊猫非猫"的意味。为此，行政公益诉讼必须从现行《行政诉讼法》的框架中独立出来，建立独立的诉讼模式，重构行政公益诉讼的法律规范体系，制定专门的行政公益诉讼法，为行政公益诉讼提供量身定做的法律规范和法律依据。

第八章
预防性公益诉讼的构建

2017年修正的《行政诉讼法》从法律上确立了检察机关提起行政公益诉讼制度，为国家利益和社会公共利益的保护，提供了有效的法律武器。但这种行政公益诉讼仍然是一种事后的救济手段，倾向于以已经发生的实际侵害后果为提起的前提，这实际上难以达到对国家利益和社会公共利益保护的效果，为此，建立一种与之相衔接、对之进行补充的制度即预防性行政公益诉讼制度就成为当下的必然要求。

目前，对行政公益诉讼制度进行研究的成果不少，但大多关注的是对该制度实施的进一步完善，而没有考虑该制度存在的缺陷，即缺少一种对危害没有发生但可能发生或即将发生时国家利益和社会公共利益的预防性救济。为此，本书提出一种预防性行政公益诉讼制度，并提出具体的构建建议，使之与现行的行政公益诉讼制度一起，构成对国家利益和社会公共利益"有效且无漏洞"的保护制度。

一、现行行政公益诉讼制度呈现出事后救济的特性

事后救济的最大特点是，必须已发生了侵害，有侵害结果，特别是有可以量化的损害结果。现行行政公益诉讼制度也

体现了这种有侵害后果的事后救济特点。

(一)法律制度设计中行政公益诉讼的事后救济特点

2017年修正的《行政诉讼法》在第25条第4款中,已经对行政公益诉讼作了明确的规定,2018年施行的《公益诉讼司法解释》又作了进一步细化。仔细研究就会发现:行政公益诉讼的提起条件都是以有侵害事实为前提的,即检察机关发现行政机关违法行政或不作为,致使国家利益或社会公共利益受到侵害时,才可以提起行政公益诉讼。这里"受到侵害"的含义,从通常意义上来理解,应该是已经发生了侵害,而不是尚未发生侵害或即将发生侵害。显然,这是以已经发生了侵害事实为条件的,属于事后救济类型。换言之,在侵害事实发生之前,检察机关是不能提起行政公益诉讼的。

这从2018年《公益诉讼司法解释》第22条要求检察机关向法院提交的材料也可以看出,该条规定,检察机关在向法院提起诉讼时,要提交的材料之一是,"被告违法行使职权或者不作为,致使国家利益或者社会公共利益受到侵害的证明材料"。试想,如果没有既成的侵害事实,又如何有证明材料?

实际上,在行政公益诉讼试点期间,以侵害事实的出现作为提起公益诉讼条件的事后救济制度的设计倾向就十分明显。

《检察机关提起公益诉讼改革试点方案》[1]将行政公益诉讼界定为"……行政机关违法行使职权或者不作为,造成国家和社会公共利益受到侵害,公民、法人和其他社会组织由于没有直接利害关系,没有也无法提起诉讼的",检察机关可以向

---

[1] 《检察机关提起公益诉讼改革试点方案》是由最高人民检察院于2015年7月发布,规定公益诉讼改革试点自2015年7月起开始,试点期限为2年。

第八章　预防性公益诉讼的构建

人民法院提起行政公益诉讼。这不仅表达了要"造成国家和社会公共利益受到侵害"的既成事实，还把行政公益诉讼与"没有直接利害关系，没有也无法提起诉讼的"公民、法人和其他社会组织的案件相联系，而公民、法人和其他社会组织能够提起诉讼的案件都是以已经造成了实际损害为前提的。由此，不难得出，试点中的行政公益诉讼就是以已经造成损害为提起前提条件的事后救济类型。而《实施办法》，不仅继续强调了受到实际侵害的条件，而且，在检察机关向法院提交的材料中，就包括要提交"国家和社会公共利益受到侵害的初步证明材料"，即已经造成了侵害的事实，属于既成事实。

可见，从行政公益诉讼制度的试点到《行政诉讼法》中的规定，直至专门针对行政公益诉讼作出的司法解释，无不体现了行政公益诉讼制度的事后救济型特点。

（二）具体实践案例印证了行政公益诉讼制度事后救济的特点

如今，行政公益诉讼已经从纸面上的法律条文走向了生动化的司法实践，更加清晰地体现了其事后救济的特点。下面将从两个方面来考察：一是从检察机关实际提起案件的案情来考察；二是从检察机关向法院实际提交的起诉材料来考察。

首先，从检察机关提起案件的案情看。以最高人民检察院发布的典型案例[1]为例。在湖南省蓝山县环保局不依法履行职责案中，蓝山县新圩镇上清涵村村民廖某某非法选矿生产，"生产过程中排放的废水、废渣致使所占用土地产生了污染，

---

[1] 详见"检察公益诉讼典型案例"，载 http://news.jcrb.com/jxsw/201803/t20180302_1845159.html，最后访问日期：2018年6月6日。

发生了质变",已经造成了侵害,而蓝山县环保局作为环境保护主管部门,一直怠于履行监管职责。在这种已经有侵害事实的情况下,蓝山县人民检察院启动了行政公益诉讼程序。在成都市双流区市场监管局违法履职案中,双流区283户个体工商户通过非法途径获得食品经营许可;同时,双流区市场监管局在撤销上述个体工商户食品经营许可证后长时间未办理食品经营许可证的注销手续。违法的行政行为已经成就以及不作为的行政行为已经存在较长时间后,检察机关才启动了行政公益诉讼程序。在西安市国土资源局不依法履行职责案中,陕西圣米兰家具有限公司取得西安市雁塔区149.979亩土地后未依照规划对土地进行开发,造成土地闲置、土地资源浪费,而这是由西安市国土资源局不依法履行职责造成的,公共利益受到侵害的事实已经发生。在吉林省白城市洮北区人民检察院诉洮北区畜牧业管理局案中,顾某某擅自改变草原用途且没有及时恢复植被,已经严重破坏了生态资源,而检察机关对洮北区畜牧业管理局没有履行法定责任的行为提起行政公益诉讼。在泰州市高港区人民检察院诉高港区水利局案中,泰兴市江汉水利工程有限公司在长江河道内未经许可非法采砂317 430.1立方米,而泰州市高港区水利局由于其不作为不仅导致国家矿石资源费的流失,还使得非法采砂活动对长江生态、水文及航道安全的破坏未得到有效遏制,等等。

其次,从检察机关提起行政公益诉讼实际提交的材料看。在实际诉讼过程中,检察机关都向法院提交了公共利益受到实际侵害的事实材料,例如,对饮用水水源受污染的案件,检察院要提交专业环境检测机构出具的检测报告;对林木资源遭破坏的案件,检察机关要提交林木资源受损害林地面积的证据材料；对国有土地出让和国有资产受侵害的案件，检察机关要提交行政机关应收缴而未收缴国有土地出让金，或者违法发放而未收回财政补贴等公共利益受到直接损害的证据。[1]

可见，已经发生的实际案例，都是以已经出现实际侵害后果为提起行政公益诉讼的条件。

（三）行政公益诉讼制度倾向于事后救济的原因分析

行政公益诉讼以已经发生侵害事实为提起条件，是由现行《行政诉讼法》的总体架构而造成的。《行政诉讼法》规定的所有诉讼事项范围，都是以已经发生且造成损害后果作为起诉前提，是一种典型的事后救济制度，这种诉讼制度的设计目的是防止出现滥诉现象。

当然，这种制度设计的背后，又贯穿着行政行为成熟原则的理念。行政行为成熟理论最初起源于美国法院的判例，"成熟性原则是指行政程序必须发展到适宜由法院处理的阶段，即已经达到成熟阶段，才能允许进行司法审查。通常假定行政程序达到最后决定阶段才算成熟"。[2]其判断标准有以下几个：一是问题是否适宜司法裁判，包括是否属于法律问题，是不是行政机关最后的决定，"法院在行政机关作出最后决定之前，不审查预备性的和中间性的决定""如果当事人认为预备性的、中间性的和程序性的决定违法，应在最后决定作出以后，和最后决定一起审查"。[3]二是推迟审查是否对当事人造成困难，"这种困难必须是直接的、即时的、影响当事人日常生活的困

---

[1] 参见刘艺："构建行政公益诉讼的客观诉讼机制"，载《法学研究》2018年第3期，第39~50页。
[2] 王名扬：《美国行政法》，中国法制出版社2005年版，第637页。
[3] 王名扬：《美国行政法》，中国法制出版社2005年版，第644页。

难，而不是遥远的将来的困难"，而"当事人的困难作为成熟原则的一个标准，是因为当事人事实上受到损害。如果当事人事实上没有受到不利的影响，当然不具备起诉资格"。[1]成熟原则背后的基本理由又是行政权与司法权的合理分工，避免司法权在不该干预行政权的情况下，不当干预了行政行为的作出。

行政公益诉讼作为行政诉讼制度的一个部分，并体现为《行政诉讼法》中的一个条款，自然要在《行政诉讼法》的整体框架下运行，要以事后救济为前提。

然而，这种制度的设计对于行政公益诉讼来说是不合理的，因为当以既成侵害事实为提起的条件时，一旦发生了真正的侵害，作为救济方式的行政公益诉讼，其实很难补救行政公益诉讼所保护的对象，即国家利益和社会公共利益，在这种情况下，考虑预防性行政公益诉讼制度的构建已经提到议事日程上。

二、行政公益诉讼的特殊效用决定必须建立预防性制度

要理解"预防性行政公益诉讼"的含义，首先必须从预防性行政诉讼说起。从形式上描述，预防性行政诉讼"是相对于事后救济型行政诉讼而言的"，[2]但如果从内涵上界定，学界则对预防性行政诉讼有不同的定义。有学者认为，预防性行政诉讼发生的时间是在具体行政行为作出之后而实际执行之前，如果相对人有足够的理由和证据证明该具体行政行为的实际执行将给自己的合法权益造成损害，同时该损害应当是一经损害难以恢复的，那么此时可以提起行政诉讼，请求法院对其合法

---

[1] 王名扬：《美国行政法》，中国法制出版社2005年版，第645页。
[2] 解志勇："预防性行政诉讼"，载《法学研究》2010年第4期，第172页。

权益进行预防性的保护,对该行政行为的合法性进行审查,并积极阻止该行政行为的实际执行。[1]也有学者将其界定为:"公民、法人或者其他组织在未来即将受到一定的行政行为或事实行为的预期侵害情形下,可以依据法律预防性提起行政诉讼,阻止行政行为或事实行为做出以保护其特殊权益的诉讼形态。"[2]无论定义有什么不同,但基本的含义是相似的,即预防性行政诉讼具有如下特点:在时间上,是在实际损害发生之前;在适用范围上,往往适用于那些可能出现不可逆的损害情形;在目的上,是为了预防和阻却不可逆的后果真正发生。因此,预防性行政诉讼可以界定为:在实际侵害还没有发生,原告出于保护自己利益的需要而先行向法院提起诉讼的一种诉讼制度。

行政公益诉讼之所以应当允许预防性诉讼,其原因就在于其特有的性质,使得预防性行政公益诉讼制度的建立,既有其必要性,也有其可行性。

(一)保护客体的特殊性

行政公益诉讼所保护的利益与普通行政诉讼有着明显的不同,后者所保护的是公民、法人或其他组织的合法权益,就利益的承载主体而言,属于个体利益,不具有普遍性和公共性。而行政公益诉讼所保护的利益是国家利益或社会公共利益。这些利益一旦受到损害,按照现有的行政诉讼制度,没有适格的主体作为原告或相关原告不愿提起诉讼,而为了保护这些利

---

[1] 参见胡肖华:"论预防性行政诉讼",载《法学评论》1999年第6期,第91~95页。

[2] 章志远、朱秋蓉:"预防性不作为诉讼研究",载《学习论坛》2009年第8期,第68页。

益,就设计了一套专门保护国家利益和社会公共利益的行政公益诉讼制度。这里的"国家利益",一般是指政府利益或政府所代表的利益,[1]虽然是由政府代表,却是关系到大多数人民的利益,"由于公共利益的受益范围一般是不特定多数人,而且该项利益需求往往无法通过市场选择机制得到满足,需要通过统一行动有组织地提供,政府就是最大的、有组织的公共利益提供者,它运用公权力为全社会提供普遍的公共利益服务";这里的"社会公共利益",即为社会全部或部分成员所享有的利益,[2]其主体是公众,在内容上是普遍的而非特殊的利益。国家利益或社会公共利益涉及的不是个人的小利益,而是事关全国范围内或一定区域内众多人的利益,是广大人民群众的生存之本,必须进行全方位的保护。

在学界,一般认为,预防性行政诉讼提起的重要条件之一,必须是行政行为的实施可能造成的损害不可弥补,"只有行政行为的实施将导致比较严重的、不可弥补的、具体的损害,才能适用预防性行政诉讼"。[3]而行政公益诉讼所保护的客体是国家利益或社会公共利益,该客体就具备了这种一旦受损将难以弥补的特点。如果等到国家利益和社会公共利益受到侵害后才提起,后果将是十分严重的。例如,某个企业将在居民饮用水附近建立有污染的工厂,如果等到出现了污染、造成居民饮用水污染后再提起行政公益诉讼,其后果将是不堪设想的,即使通过事后救济,也无法进行全面修复,或修复的成本

---

[1] 参见阎学通:《中国国家利益分析》,天津人民出版社1996年版,第4页。
[2] 王珂瑾:《行政公益诉讼制度研究》,山东大学出版社2009年版,第20页。
[3] 禹竹蕊:"建立我国的预防性行政诉讼制度——以反政府信息公开诉讼为视角",载《广西大学学报(哲学社会科学版)》2017年第3期,第110页。

非常高,或难以恢复到被破坏前的状态。

由于行政公益诉讼所保护利益的特殊性、利益关系对象的普遍性,保护应以预防保护为主,经不得侵害和损失,而不是以损害发生后的事后保护为主,更不能允许眼睁睁地看着国家利益或社会公共利益即将发生危害而束手无策或坐等发生或视而不见,因此,应当允许检察机关提起预防性行政公益诉讼,达到预防或提前制止危害的发生,防患于未然。

(二) 提起主体的特殊性

在我国的行政公益诉讼中,检察机关是唯一的提起主体,是一种"官告官"的诉讼。与普通行政诉讼不同的是,检察机关作为原告本身所具有的特殊性。公民运用普通行政诉讼的目的是保护自己的利益,因此,公民、法人或其他组织认为行政机关侵犯其合法权益的,在没有发生实际损害时,是无法知道到底有多大损失,法院也难以予以救济。特别是,普通行政诉讼是以将受损权益恢复到侵害前的状态为目的,因此,利益受到实际损害自然是提起行政诉讼必不可少的条件。而且,普通诉讼如果允许提起预防性行政诉讼,极易成为公民为了个人利益而滥用诉讼的权利,仅凭个人主观判断就随意提起行政诉讼,破坏了诉讼秩序。

而在行政公益诉讼中,检察机关虽然作为原告,但它只是代表国家在履行自己的职责,是以行政公益诉讼起诉人的角色出现的,其目的是监督行政机关依法行政,维护国家利益和社会公共利益,而不是为了某个人的利益,也不是为了行政机关单位的利益。检察机关在诉讼中本身并没有自己的利益,不以获得多少利益作为目的,是在履行保护国家利益或社会公共利益的法定职责。"检察机关与案件并没有直接的利益纠葛,并非真正意义上的原告,而是代表国家行使权力。"[1]在这种情况下,作为原告的检察机关提起诉讼仅仅具有形式意义的价值,而并无实质意义的利益,也就能够客观公正地决定是否提起预防性行政公益诉讼,而不会出现普通诉讼中的某些原告为诉讼而诉讼的滥诉现象,更不会出现为要挟行政机关而进行诉讼的问题。

(三) 诉前程序的特殊性

行政公益诉讼不仅有普通诉讼所具有的诉讼程序,还有其独特的诉前程序,而且诉前程序被规定为前置的、必经的程序,这是普通行政诉讼所没有的。行政公益诉讼的诉前程序是指检察机关在正式向法院提起行政公益诉讼之前而向行政机关提出检察建议,督促有关行政机关依法履行职责的程序,[2]并要求"行政机关应当在收到检察建议书之日起两个月内依法履行职责,并书面回复人民检察院。出现国家利益或者社会公共利益损害继续扩大等紧急情形的,行政机关应当在十五日内书面回复"。[3]诉前程序不仅体现了对行政机关的一种尊重,而且促使行政机关尽力在提起行政公益诉讼之前纠正违法行为或依法履行其职责,"检察机关通过提出检察建议督促行政机关依法履行职责,增强了行政机关依法行政的主动性和积极性"。[4]

---

[1] 孙宁:"行政公益预防性诉讼制度研究",东南大学2017年硕士学位论文,第24页。

[2] 王春业:"行政公益诉讼'诉前程序'检视",载《社会科学》2018年第6期,第94~103页。

[3]《公益诉讼司法解释》第21条第2款。

[4] "关于《中华人民共和国行政诉讼法修正案(草案)》和《中华人民共和国民事诉讼法修正案(草案)》的说明",载http://www.npc.gov.cn/npc/c10134/201706/c47ac51aab1644efb8b171a7a862099e.shtml,最后访问日期:2018年6月9日。

这种诉前程序虽然是必经程序,但又不是正式的诉讼程序,一旦行政机关履行了法定职责或纠正了违法行为,检察机关就不再提起诉讼了。

行政公益诉讼的这种诉前程序实际上起到了一种缓冲作用,在检察机关正式提起行政公益诉讼之前,起着给行政机关警示或告知的作用。这种诉前程序也给预防性行政公益诉讼制度的设计与运行提供了有利机会和条件,不像普通行政诉讼那样,程序一旦启动,就进入了正式的诉讼程序,而且往往要依照诉讼程序往下进行,几乎没有退路。而行政公益诉讼的诉前程序,为正式提起行政公益诉讼提供了一个缓冲地带,即使在实际侵害还没发生时,也可以提起,不会产生什么不良后果;一旦行政机关及时作了有效回应,检察机关就不再正式提起行政公益诉讼,使得预防性行政公益诉讼制度不会带来较大的诉讼成本。

(四) 诉讼类型的特殊性

在国外诉讼理论中,有主观诉讼与客观诉讼之分,[1]例如,在日本,主观诉讼是指以保护公民个人的权利和利益为目的的诉讼;而客观诉讼则是指以维护客观的法律秩序和确保行政活动的适法性,而与原告个人的权利和利益无关的诉讼。[2]至于客观诉讼与主观诉讼之间的区别,林莉红教授总结了三点,即:首先,客观之诉不要求原告与行政机关的行政行为有法律上的利害关系;其次,客观之诉旨在维护国家和社会的公共利益,而非单纯为了维护自身的私权;最后,客观之诉的诉

---

[1] 客观诉讼与主观诉讼的理论,最早由法国的狄骥创立,后在日本、德国学界得到发展。

[2] [日] 樱井敬子、桥本博之:《行政法》,弘文堂2007年版,第251页。

讼对象不仅限于具体行政行为，也包括行政立法、行政事实行为等。[1]

与普通行政诉讼的权利救济目标不同，我国行政公益诉讼"既不符合'民告官'的定位，也不符合主观诉讼的特性"，[2]它不以权利救济为自己的主要目标，而是把监督行政权力、维护公共秩序作为自己的目标，这种诉讼实际上属于客观诉讼范畴。当行政机关违法履行职责或不履行法定职责而使公共利益受到侵害时，行政公益诉讼，可以促使行政机关纠正违法行为或履行法定职责，达到对法律秩序维护、对公权力制约的目标。

既然行政公益诉讼具有客观诉讼的性质，以监督公权力、维护公共秩序、实现维护法律秩序为目的，因此，只要发现行政机关违法行政或不作为的苗头，只要发现公共利益有可能受到侵害，检察机关就有责任采取提起预防性行政公益诉讼的方式达到防止公共法律秩序被破坏的效果，而无需像普通行政诉讼那样，必须等到损害已经发生后再提起行政诉讼。

三、预防性行政公益诉讼制度构建的几点建议

（一）关于预防性行政公益诉讼的受案范围

在已有的预防性行政诉讼研究成果中，有不少学者虽然也建议在我国建立预防性行政诉讼制度，但都建议要限定提起的范围，建议将很少的案件作为预防性行政诉讼的受案范围。那

---

[1] 参见林莉红、马立群："作为客观诉讼的行政公益诉讼"，载《行政法学研究》2011年第4期，第3~15页。

[2] 刘艺："构建行政公益诉讼的客观诉讼机制"，载《法学研究》2018年第3期，第40页。

么，对于本书所探讨的预防性行政公益诉讼，是否要限制在一定的范围呢？

法律和司法解释已经对行政公益诉讼的范围作了规定。《行政诉讼法》以及相关司法解释，对行政公益诉讼的受案范围规定为：生态环境和资源保护、食品药品安全、国有财产保护、国有土地使用权出让。此外，2018年5月1日施行的《英雄烈士保护法》，将对侵害英雄烈士的姓名、肖像、名誉、荣誉的行为列入公益诉讼的范围，规定"检察机关依法对侵害英雄烈士的姓名、肖像、名誉、荣誉，损害社会公共利益的行为向人民法院提起诉讼"；[1]2017年9月国务院出台的《关于完善进出口商品质量安全风险预警和快速反应监管体系切实保护消费者权益的意见》，在第15项工作任务中提出：要加强重点领域质量安全公益诉讼工作，惩治损害国家利益和社会公共利益的进出口商品质量安全违法行为。[2]

笔者认为，上述行政公益诉讼范围的事项，都是关系国家利益和社会公益利益的大事，都是通过事后救济难以弥补或通过事后修复很难达到弥补效果的事项，在没有发生之前就进行及时的保护才能真正起到作用。在这些领域内，皆应该允许提起预防性行政公益诉讼。因此，预防性行政公益诉讼的受案范围应该包括行政公益诉讼的所有事项范围，而无需再作限制。换言之，只要是行政公益诉讼受案范围的事项，都可以提起预防性行政公益诉讼。

---

[1]《英雄烈士保护法》第25条第2款。

[2] 国务院《关于完善进出口商品质量安全风险预警和快速反应监管体系切实保护消费者权益的意见》（国发［2017］43号）工作任务部分第15项。

(二) 关于预防性行政公益诉讼提出的时机

预防性意味着尚未形成侵害的事实，无法以事后救济类型的标准来确定提起诉讼的时机。到底预防性行政公益诉讼提出的时机是什么，或提出的时间节点在哪里？在预防性行政诉讼理论研究中，对于时间节点问题，一般倾向于在行政行为作出后、执行之前的时间节点。而对于行政公益诉讼而言，其时间节点既有与一般预防性行政诉讼相同的时间节点，也有其特殊性。具体而言，预防性行政公益诉讼的提起有两个时间节点：一是国家利益和社会公共利益是否受到侵害，这个节点，可能是由行政机关违法行为直接造成的，也可能是由其他损害主体造成而行政机关没有履行其法定职责造成的；二是行政行为作出，涉及行政行为作出之前或执行之前两个时间节点。对此，要区分不同的情形，确定提起的时机条件。

1. 从侵害是否发生的角度来看

在国家利益和社会公共利益是否受到侵害的情形中，预防性行政公益诉讼适用的条件有两种情况：第一种情况是，侵害虽未发生但可能发生。虽然还没有发生，但根据现有的迹象已经断定侵害事实早晚要发生，发生只是时间问题。这些虽然更多的是一种主观推断，但这种推断是由一系列事实作为支撑的。对此，检察机关要进行科学的判断，必要时邀请专家进行专门的评估预测，以科学判断发生的概率，为预防性行政公益诉讼的提起准备充分的条件。第二种情况是危害即将发生或正在发生。与第一种情况相比，这种情况属于迫在眉睫的情形。检察机关不能眼睁睁地看着侵害后果的发生后再提起诉讼，而必须提起预防性行政公益诉讼。

2. 从行政行为的角度来看

作为行政公益诉讼对象的行政行为可以分为违法行政行为和不作为的行政行为。在既成事实的案件中，违法行政行为已经作出，或已经成就，即所谓的成熟理论；而不作为的行政行为则不存在所谓的成就问题。因此，从行政行为的状态看，预防性行政公益诉讼主要与违法的行政行为有关。而针对违法行政行为的预防性行政诉讼又可以分为两种情形：一种是行政行为作出之前的提起。例如，行政机关即将对未达到污水处理标准的污染严重的企业发放排污许可证，就是一种即将发生的违法行政行为的情形。另一种是行政行为作出之后、执行之前的提起。这两种情形都应该允许检察机关提起预防性行政公益诉讼。

3. 从行政行为与侵害发生相结合的角度看

如果将侵害发生与行政行为结合起来，则可以将预防性行政公益诉讼提起的时机条件归纳为以下两种情况：第一种情况是对于不作为的行政行为，应以国家利益或社会公共利益可能或即将受到侵害作为条件，而不是以不作为的行为为判断的标准。只要侵害可能或即将发生或正在发生，而负有监督管理职责的行政机关没有履行法定职责，检察机关就可以启动行政公益诉讼程序，以促使行政机关作出行政行为，防止国家利益或社会公共利益受到侵害结果的发生。第二种情况是对于违法行政行为，则以行政行为的状态作为判断的依据。这里又可以分为两种状态：即将作出的行政行为和作出后尚未执行的行政行为。其中，即将作出的行政行为，是指某个行政行为尚未作出，但有各种迹象表明，行政机关即将作出，而且只要该行政行为作出后，就可能引发国家利益或社会公共利益受到损害，此时，在行政机关作出行政行为之前，检察机关可以启动预防性行政公益诉讼程序，以达到对违法行政行为阻却的效果；作出后尚未执行的行政行为，是指已经作出了行政行为，但还没有付诸实施，而一旦实施，就可能对国家利益或社会公共利益造成侵害。上述情况下，检察机关都可以提起预防性行政公益诉讼。

（三）提起预防性行政公益诉讼所适用的特别程序

预防性行政公益诉讼毕竟是在侵害结果还没有完全成就时提起的，因此，检察机关所采取的程序也有别于已经发生过侵害事实的行政公益诉讼。具体而言，特别之处在于以下方面：

1. 诉前程序的特别内容

检察机关除了要将可能发生侵害的科学判断作为检察建议的内容以督促行政机关及时作出处理，还可以根据不同情形，采取以下做法：一是对于即将发生或正在发生的侵害，检察机关在建议行政机关要采取措施的同时，还要允许检察机关发出或通过法院向行政机关发出诉前禁令，[1]要求行政机关迅速作为、立即采取紧急措施，以避免危害后果的发生或进一步扩大；二是对于行政机关即将作出的行政行为或作出后即将实施的行政行为，检察机关要责令其暂停作出或暂时停止执行，因为此时对国家利益或社会公共利益保护的价值已经超出了行政机关效率的价值，保护国家利益和社会公共利益所获得的价值已经超出了执行行政行为所产生的价值。在诉前程序中，如果行政机关明确表示接受检察机关的建议，并及时履行的法定职

---

〔1〕 在我国，诉前禁令最初主要适用于知识产权领域和海事特别程序，后被一些地方在试点中引入环境公益诉讼之中，类似于但又不同于民事诉讼的诉前保全措施。

责,或停止了违法行政行为,检察机关诉前程序的目的达到了,就可以不再提起预防性行政公益诉讼。

2. 提起诉讼提交材料的特殊要求

通常情况下,检察机关一旦提起行政公益诉讼,就要同时向法院提交相关材料,特别是证明国家利益或社会公共利益受到侵害的证明材料。但在预防性行政公益诉讼中,如果要求检察机关提交国家利益或社会公共利益受到侵害的事实材料,不仅与预防性诉讼的性质不符,而且也会使得检察机关觉得此类诉讼提起难而不愿提起,其结果将不利于此类诉讼制度的发展。为此,在检察机关向法院提交的材料中,不需要检察机关提交有关国家利益或社会公共利益受到侵害的事实证明材料,检察机关只要提出可能出现或正在出现侵害的书面描述即可。实际上,作为原告,提起诉讼本身就带有主观判断的成分,需要提起后交由法院根据事实作出法律判断,预防性行政公益诉讼更是如此。当然,如果有专家的论证材料,也可以提交给法院,但不作为检察机关提起预防性行政公益诉讼的硬性要求。

3. 案件审理中举证的特别要求

法院在审理检察机关提起的预防性行政公益诉讼时,检察机关是否要举证以及如何举证?实际上,对在行政公益诉讼中检察机关到底应当承担什么样的举证责任,一直存有争议,但在预防性行政公益诉讼中,让检察机关承担更少的举证责任,肯定有利于对国家利益和社会公共利益进行事前保护。而且,由于此时实际侵害结果尚未发生,任何一方不可能拥有实际受到侵害的事实证据,也不应当让各方提供这样的证据。为此,要按照预防性行政公益诉讼的特点,采取不同于普通行政诉讼和事后救济的行政公益诉讼的证据运用方式，不必要求检察机关对提起预防性行政公益诉讼承担过多的举证责任。在此类庭审中，各方应主要围绕国家利益或社会公共利益是否可能受到侵害，行政不作为、违法行政行为作出或执行后，是否会使国家利益或社会公共利益受到侵害等问题，展开充分的陈述，甚至可以出具专家论证意见。因此，此时的所谓举证，实际上是一种语言上的阐述，一种对可能发生事实的假设，并对这种假设进行理论论证，由法院据此作出中立判断。与此同时，在双方进行阐述之后，如果问题还没有论证清楚，还可以借鉴法国和德国客观诉讼的调查原则，法院适用纠问式的调查原则，法官依职权调查案件事实，主导行政公益诉讼的庭审活动，不受双方的陈述的拘束，必要时法官可以不依赖于双方进行"查证"。[1]

4. 采用特别的裁判形式

经过查证后，法官可根据侵害是否可能发生或行政行为作出或实施是否导致侵害发生等问题，作出综合判断；也可以借鉴意大利的"诉讼拖延的危险"[2]标准，判断如果不进行诉讼是否可能造成国家利益和社会公共利益遭受难以弥补的侵

---

[1] 参见［德］弗里德赫尔穆·胡芬：《行政诉讼法》（第5版），莫光华译，法律出版社2003年版，第542~543页。

[2] 意大利2010年的《行政诉讼法典》规定法官裁定作出预防性保护措施需要审查两个前提条件，申请人需要"表面上有良好权利"，且存在"诉讼拖延的危险"。其中，"诉讼拖延的危险"标准旨在确定申请人的利益因诉讼的拖延将要受损的程度，起诉人如果认为在诉讼期间因被诉行政行为的执行或行政机关的不作为将给自己造成"严重的难以弥补的损害"，可以申请预防性保护措施。参见罗智敏："论行政诉讼中的预防性保护：意大利经验及启示"，载《环球法律评论》2015年第6期，第159~171页。

害。然后，根据我国行政诉讼的裁判形式，结合预防性行政公益诉讼的特点，法院采取三种裁判形式：一是履行判决，督促行政机关尽快履行法定职责，防止侵害的发生，防止国家利益和社会公共利益受到侵害；二是判决行政机关停止作出违法行为，以防止违法行政行为作出后所带来的后果；三是要求行政机关停止实施行政行为并撤销作出的违法行政行为，以防止违法行政行为实施后，对国家利益和社会公共利益造成侵害。此外，法院还可以根据案件的具体情况，向行政机关提出司法建议，以协助行政机关更好地作出相应的行政行为。

对于预防性行政公益诉讼，如果一方对一审裁判结果不服，是否可以上诉的问题，值得研究。笔者认为，鉴于危害还没有发生，只是对是否要履行法定职责，是否要作出行政行为，是否要停止并撤销违法的行政行为等问题作出裁判，因此，一审就足以解决问题，而无需像普通行政诉讼那样要经过漫长的二审，甚至再审程序，一审作出后即可生效。

(四) 应通过立法或司法解释建立预防性行政公益诉讼制度

在行政公益诉讼试点期间，对提起行政公益诉讼的条件规定得较为明确和宽松一些，允许检察机关针对危害正在发生的情形提起行政公益诉讼。而修正后的《行政诉讼法》则没有体现正在发生的情形，更不用说尚未发生的情形了。而2018年《公益诉讼司法解释》则没有触及预防性行政公益诉讼问题，仅对现有的行政公益诉讼制度作了可操作性的规定，难以满足预防性行政公益诉讼制度建立的现实需求。对此，需要在《行政诉讼法》中对预防性行政公益诉讼制度作出明确，明确预防性行政公益诉讼提起的条件；对提起预防性行政公益诉讼的诉前程序作出适当的变更，使之更适合预防性行政公益诉讼的要求；对预防性行政公益诉讼的审理程序作出规定，使之具有自己的特点；对预防性行政公益诉讼的裁判形式以及能否上诉等问题作出具有可操作性的规定。同时，还可以通过司法解释的方式来完善该制度。当然，也可以在我国一些地方先进行适当试点，待成熟后再正式写入法律之中。

结　语

行政公益诉讼的特殊性，决定了检察机关不仅可以在国家利益或社会公益利益受到侵害的事实发生后提起行政公益诉讼，也可以在侵害行为尚未发生或即将发生或刚刚发生但尚未造成侵害事实时，就提起行政公益诉讼，以达到预防危害发生的效果，最大限度地保护国家利益或社会公共利益。因此，预防性行政公益诉讼制度的构建，不仅不是对现有的行政公益诉讼制度的否定，而是一种非常好的补充，弥补了行政公益诉讼事后救济的缺陷。可以说，预防性行政公益诉讼与现行行政公益诉讼一起，构成了无缝对接，达到了"有效且无漏洞"[1]的效果。与此同时，也要对检察权提起预防性行政公益诉讼作出适当限制，坚持以必要为原则，以国家利益和社会公共利益确实存在受到侵害的可能性为前提，进行充分论证；要恪守检察权与行政权的边界，要多运用诉前程序的提醒作用，以防止因自己判断的失误而导致败诉或不当干预行政权行使的现象。当然，在当下的背景下，对行政权的监督比对检察权的监督要

---

〔1〕德国在其基本法第19条对基本权利的保护标准中规定，要求达到"有效且无漏洞"的保护程度，并建立了预防性诉讼制度。其他国也纷纷效仿，由此，这种"有效且无漏洞"的权利保护标准成了一项国际通行原则。

紧迫得多,没有必要在还没有充分发挥检察监督功能的情况下,就过多地限制检察监督权,这反而不利于预防性行政公益诉讼制度的建立,而且对检察权的限制,最好通过检察系统的内部考核方式来实现。

第九章
制度合理定位的再思考

我国的行政公益诉讼制度从试点开始,已经历了8年多了,该制度在取得较大成绩的同时,"走出了一条具有中国特色的公益司法保护道路",[1]但随着该制度的进一步发展,也面临着一些亟待研究和解决的问题,主要是该制度的功能定位问题,在国家治理体系中对其进行准确定位,在准确定位后对其进行进一步完善,是确保该制度良性发展的关键和现实迫切需要。

一、对行政公益诉讼制度认识的两个不利倾向

随着行政公益诉讼制度实践的不断深入,对该制度的发展方向可谓见仁见智,主要有两种典型的态度倾向:一是对行政公益诉讼制度在保护公益方面的作用过于夸大,甚至将检察机关作为主要或唯一的公益维护主体,忽略了其他主体在公益保护方面的积极作用。二是在国家治理体系与治理能力现代化的背景下,强调检察机关要与其他公益保护主体间的广泛协商与

---

〔1〕参见"最高人民检察院工作报告",载 http://www.xinhuanet.com/politics/2018lh/2018-03/25/c_1122587415.htm,最后访问日期:2020年10月6日。

充分协调,使得行政公益诉讼制度失去了自己的本真。两种态度倾向一定程度上损害了行政公益诉讼制度,有必要予以澄清与纠正。

(一)将公益维护看作是检察机关独家专有而过于夸大行政公益诉讼的作用

持这种观点的人,对行政公益诉讼制度的建立保持充分喜悦和兴奋,认为经过理论界和实务界的多年努力,终于建立了我们自己的行政公益诉讼制度,对有效解决多年来公共利益受损后救济不力而产生的很大影响,起到积极作用。而且,我国的行政公益诉讼制度也具有自己的特色,检察机关作为提起的主体,本身就具有法律监督职能,通过提起行政公益诉讼的方式,可以充分发挥法律监督的功能和效果,是我国诉讼制度的重大发展。特别是自行政公益诉讼制度建立以来,确实在纠正行政机关违法行使职权或不作为方面,收到了较好效果,尤其值得一提的是,大部分案件中的行政机关在诉前阶段就自觉纠正了违法行为或积极作为,这更强化了行政公益诉讼制度的美好印象。在这种背景下,一些人在论述行政公益诉讼地位时,人为地拔高了其地位,夸大了其作用,认为检察机关是维护公益的代表,而且只有检察机关才是公益的代表,甚至将检察机关看作是公益维护的主要主体,也由此忽略了其他主体在公共利益维护方面的重要作用。

这种对行政公益诉讼制度非常看好并希望不断提升其有效性的看法,是可以理解的,但对一项具体制度,如果不切实际地夸大其作用,而忽视了其他主体的作用,不但不利于其完善与发展,也会带来不良影响,其弊端至少表现在以下方面:

首先,加大检察机关的工作负担。公益保护的领域非常广泛和复杂，不仅包括行政诉讼法中已经列出的范围，[1]而且在实践中还有进一步扩大的趋势。面对如此众多和复杂的公益领域，把维护公益的职责都加到检察机关身上，寄希望于检察机关作为主体甚至唯一的维护公益的主体，必然使得其有不堪重负之感，而鉴于检察机关现有的人力物力和实力，检察机关难以通过行政公益诉讼对所有的公益利益进行全面维护。而且，检察机关本身还具有其他方面的职能，包括诉讼监督、刑事公诉、其他法律监督等，公益诉讼仅仅是其一个方面的职能，过于强调检察机关公益维护的重要性和唯一性，必将使得检察机关难以承担如此重任，给行政公益诉讼施加过大压力，反而不利于行政公益诉讼制度的发展。特别是会造成社会对检察机关不切实际的公益维护的期盼，似乎一旦国家利益或社会利益受到损害，社会都将维护责任寄希望于检察机关，而一旦某些领域公益没有得到及时维护，也会牵责于检察机关，这显然对检察机关也是不公平的。

其次，造成检察机关与其他机关的对立。维护公益其实并非检察机关一家的事情，作为国家机关，其他机关也同样都具有维护公益利益的职责，都在通过不同的制度设计对公益进行维护，比如，在环境领域，环境行政机关对环境公益的维护起到主导作用。而过于强调检察机关对公益的维护，不切实际地夸大检察机关在公益保护中的作用，实际上是对其他机关公益保护作用的否定，甚至将某些机关当成了公益的破坏者，如此一来，必然加剧检察机关与其他机关的对立，长此以往，将使

---

[1]《行政诉讼法》第25条第4款规定的行政公益诉讼范围为：生态环境和资源保护、食品药品安全、国有财产保护、国有土地使用权出让等领域。

得检察机关处于孤立境遇,不利于行政公益诉讼制度的完善与发展。

(二)强调行政公益诉讼的融入性而使之失去本真

随着国家治理体系与治理能力现代化的提出,一些人开始重新反思行政公益诉讼制度的定位,提出要将行政公益诉讼制度融入国家治理体系之中来思考,这种认识本身是没错的,但关键是如何融入、如何防止矫枉过正的问题。这里有几个问题需要进一步防止和避免:

首先,过于夸大行政公益诉讼在政治方面的功能。近年来,在对行政公益诉讼制度功能评价时,出现了较为强调其政治功能的倾向,将行政公益诉讼与政治进行牵强附会的阐述。例如,有学者在分析行政公益诉讼制度时,就阐述"检察公益诉讼不仅表现出执政党作用、以国家为主导、改革与建构并重、富涵社会主义公益特色的特征,还具有半开放式的民主性、多方协商的科学性等特征"[1],将行政公益诉讼与党的领导、改革、社会主义、人民性等这些具有较强政治性的术语相联系。在我国,每一项制度的设计都具有一定的政治功能,都可以与政治性相联系,上述的政治性也并非行政公益诉讼所特有的,可以适用于所有的制度。但如果过于强调政治功能,强调行政公益诉讼对政治的融入性,一定程度上会使人忽视行政公益诉讼的本来面目,不利于其制度功能的发挥,也会使之失去自我,更不利于该制度的进一步完善。

其次,过于强调检察机关与其他机关的合作关系。有学者

---

[1] 参见刘艺:"论国家治理体系下的检察公益诉讼",载《中国法学》2020年第2期,第152页。

认为在公共利益维护中，检察机关"不是首要代表"，"相对于行政机关而言，检察机关的公益代表身份不仅是第二位的，而且实质上是对行政机关的一种代位诉讼"，"检察机关并不具有典型的公益代表身份"，行政公益诉讼"很难说是纯粹的公共利益之诉"，〔1〕由此降低了检察机关在公益维护中的作用。而实践过程中，有些地方"出于共同维护公共利益的考虑，检察机关联合行政机关开展执法检查的情况偶有发生，存在法律监督权和行政权定位混同的风险"，〔2〕特别是现实中不断出现的检察机关与相关行政机关的合作，不仅有规范性文件的合作，〔3〕也有具体案件办理中检察机关与相关机关特别是行政机关进行协商等做法，〔4〕这非常不利于行政公益诉讼制度的良性发展，也不符合制度设计初衷。

最后，过于强调检察机关在行政公益诉讼中的谦抑性。认为检察机关在公益诉讼过程中应当谦抑，不仅事前要广泛地协

---

〔1〕 胡卫列："国家治理视野下的公益诉讼检察制度"，载《国家检察官学院学报》2020年第2期，第13页。

〔2〕 易小斌："检察公益诉讼参与国家治理的实践面向"，载《国家检察官学院学报》2020年第6期，第52页。

〔3〕 例如，最高人民检察院积极加强与自然资源部、生态环境部、应急管理部、市场监管总局等相关部门开展深化执法司法协作；会同生态环境部等九部委会签《关于在检察公益诉讼中加强协作配合依法打好污染防治攻坚战的意见》，推动解决管辖难、法律适用难、环境损害鉴定难等问题；联合国务院食品安全办等10部门出台《关于在检察公益诉讼中加强协作配合依法保障食品药品安全的意见》，明确食药领域公益诉讼的线索移送、立案管辖、调查取证、诉前程序、提起诉讼、日常联络和人员交流等问题。

〔4〕 例如，福建等地检察机关探索建立行政公益诉讼圆桌会议制度，通过召集相关部门、组织以及群众代表召开诉前圆桌会议，共同研究解决方案和措施，推动被监督行政机关更好履行公益保护职责。江苏省市县三级检察院牵头召开"圆桌会议"，邀请相关责任部门参会，共同对黄河故道睢宁段非法养殖点污染饮用水源地问题推动解决。

商,而在诉讼过程中要根据情况及时撤诉等;认为"检察机关与行政机关不是硬要一争高下、一分是非,而是完全有可能找到一个契合点,共同推动受损的公益得到恢复,实现双赢多赢共赢"。[1] 如此,将开始高调出场的公益诉讼变成了如此谦卑甚至有些退让的一种制度,确实让人匪夷。这可能与行政公益诉讼实践中确实遇到了不少难题或检察权遇到行政权时明显弱于行政权后的一种退缩有关。然而,这种过于谦抑性并不符合行政公益诉讼制度设计的初衷,达不到对行政权监督的目的,也难以实现对公共利益的维护。

目前,在行政公益诉讼实践中,有些地方将行政公益诉讼制度变成一种类似协调协商的制度;为达到协调的目的,甚至不惜牺牲行政公益诉讼的属性,这都偏离了行政公益诉讼制度设计的初衷,不符合行政公益诉讼的基本定位。

二、要对行政公益诉讼制度进行合理定位

对行政公益诉讼制度如何进行准确定位,直接关系到该制度完善的走向。这里关键的问题有两个:一是对行政公益诉讼本身性质的定位,应当始终确认其诉讼的性质,不能因为强调其与其他制度的合作而使其失去本来面目;二是对行政公益诉讼作用的定位,要正确认识其在维护公共利益方面的作用,不能将其看作包打天下、包治百病的制度。

---

[1] 胡卫列:"国家治理视野下的公益诉讼检察制度",载《国家检察官学院学报》2020年第2期,第17页。

(一) 保持自身特色是行政公益诉讼制度得以存在的重要前提

行政公益诉讼虽然是国家治理体系中的一个环节，但必须是一个独立环节，应当在自己的位置上发挥应有作用，做好自己的事情，同时，也不能承担过多的功能，更不能承担其无法承担的功能。正因为不同的治理手段在各自的位置上发挥了应有作用，才能形成良好的治理体系；相反，各种治理手段干着自己的事情，却盯着别人的功能，必然会精力分散，难以充分发挥自己的作用，还会干了许多自己不该干的事。

这里特别强调的是，行政公益诉讼首先是一种诉讼制度，具有诉讼制度所具有的共同特点，偏离了诉讼的特点，就不能被称为行政公益诉讼。行政公益诉讼的诉讼特性，从域外情况以及我国行政公益诉讼制度产生的过程中可以得到充分证明。

在域外，行政公益诉讼也被称为客观诉讼，是与主观诉讼相对应的一种诉讼形式，主观诉讼主要围绕当事人的权利展开，以保护私权为目的；而客观诉讼则以保护公共利益和维持法律秩序为目的的。[1]但无论如何，行政公益诉讼制度毕竟是一项诉讼制度，具有诉讼所具有的共同特色。

在我国，行政公益诉讼制度的产生与当初为克服行政诉讼制度的不足有关。我国行政公益诉讼制度是以行政相对人或利害关系人的模式设计的，具有个人权利救济的特点，但对于没有合格原告或原告不愿起诉但又损害公共利益的问题，就缺乏适合的主体提起行政诉讼，在这个背景下，行政公益诉讼制度

---

〔1〕 参见王春业："独立行政公益诉讼法律规范体系之构建"，载《中外法学》2022年第1期，第170页。

第九章 制度合理定位的再思考

呼之即出。具体而言，作为一项诉讼制度，我国行政公益诉讼制度最初是由 2014 年召开的党的十八届四中全会提出的，[1] 2015 年 5 月的中央深改组会议上审议通过了《检察机关提起公益诉讼改革试点方案》，规定在特定领域内公共利益受到侵害且在相关公民或组织无法提起诉讼时，检察机关可以向人民法院提起行政公益诉讼。[2] 可见，从我国行政公益诉讼的源头上看，其最初是针对当时的诉讼状况，针对国家利益或社会公共利益受到侵害而缺乏相应适格的起诉主体，为了解决无法起诉或无人起诉的问题，在原有诉讼基础上产生的一种诉讼制度，以达到对国家利益或社会公共利益保护的目的，这是行政公益诉讼制度建立的初衷。同年，国家权力机关授权最高检从 2015 年 7 月在 13 个省份进行为期 2 年的试点，在四个领域进行，即生态环境和资源保护、国有资产保护、国有土地使用权出让、食品药品安全领域。在此期间，最高人民检察院先后制定了《检察机关提起公益诉讼改革试点方案》（2015 年 7 月 2 日）、《实施办法》（2015 年 12 月 24 日）、《关于深入开展公益诉讼试点工作有关问题的意见》（2016 年 12 月 22 日），最高人民法院也发布了《试点工作实施办法》（2016 年 2 月 25 日），都

---

〔1〕 党的十八届四中全会审议通过的中共中央《关于全面推进依法治国若干重大问题的决定》，明确提出检察机关在履行职责中发现行政机关违法行使职权或不行使职权的行为，应该督促其纠正。探索建立检察机关提起公益诉讼制度。当然，这个公益诉讼包括民事公益诉讼与行政公益诉讼。

〔2〕 《检察机关提起公益诉讼改革试点方案》规定，"检察机关在履行职责中发现生态环境和资源保护、国有资产保护、国有土地使用权出让等领域负有监督管理职责的行政机关违法行使职权或者不作为，造成国家和社会公共利益受到侵害，公民、法人和其他社会组织由于没有直接利害关系，没有也无法提起诉讼的，可以向人民法院提起行政公益诉讼。试点期间，重点是对生态环境和资源保护领域的案件提起行政公益诉讼"。

是按照诉讼的特点来设计行政公益诉讼制度的。直到 2017 年 6 月 27 日，行政公益诉讼制度正式通过修改《行政诉讼法》的方式成为该法第 25 条第 4 款。为了进一步做好行政公益诉讼的法律规范适用问题，最高人民法院、最高人民检察院 2018 年 3 月还专门联合出台了共有 27 个条款的司法解释，即《公益诉讼司法解释》，使行政公益诉讼适用规范更为详细。追根溯源，我国行政公益诉讼制度是对现行行政诉讼制度的一种补充和发展，行政公益诉讼制度从产生、试点到现在，虽然规则在不断调适中，但仍不失为一种诉讼制度类型，都是遵循了诉讼的特点进行制度完善的，更多的是诉讼的特性，而不是政治的特性，这一点即使在今后的完善中也不能失去。

诉讼的特点是三方构造，具有原告与被告作为双方当事人，而法院则居中裁决，要遵循诉讼的举证、质证、认证等程序，要依法作出裁判。因此，不管行政公益诉讼制度如何完善与发展，都应当围绕着诉讼特点来进行，都不能失去诉讼本身所具有的特点，否则，就不能被称为行政公益诉讼。

行政公益诉讼制度目前主要由检察机关提出，那么，公益诉讼权与检察机关的法律监督之间是一种什么关系？对此，有人认为公益诉讼权就是法律监督权，有人认为公益诉讼权是法律监督权的派生，还有人认为公益诉讼权是一种新的权力。对此要进行厘清，并进行准确的定位，因为直接关系到行政公益诉讼制度的走向问题。

检察机关的法律监督权是宪法明确规定的，检察机关是法律监督机关，但检察机关的行政公益诉讼职能与其作为法律监督的职能是有明显区别的，不能画等号，更不能将提起行政公益诉讼权作为检察机关法律监督权的一种当然派生。这从行使

第九章 制度合理定位的再思考

过程可以看出。检察机关的法律监督权主要体现在对诉讼的监督方面，检察机关可以对民事诉讼、行政诉讼、刑事诉讼进行监督。在诉讼监督中，检察机关具有超然地位，比如，在检察机关庭审中具有监督的职能，不是与其他当事人平起平坐的，而是具有高于其他当事人的地位，甚至高于法院地位，对审判活动进行监督，而且对法院审理后裁判结果不同意时，则采取抗诉方式加以表示；具有较大的权力，特别是刑事诉讼案件中，还具有强制性的调查取证权等。而在行政公益诉讼中，从制度设计来看，是将检察机关作为当事人来对待的，体现在：其一，尽管明确检察机关具有公益诉讼起诉人身份，但却规定其依照民事诉讼法、行政诉讼法享有相应的诉讼权利，履行相应的诉讼义务，实质上是原告的地位，只不过在称呼上比原告更为好听而已。其二，在调查核实权方面，并没有赋予检察机关较多强制性的权力，相反，在涉及强制性内容时，尤其是证据保全措施方面，却规定检察机关依照民事诉讼法、行政诉讼法相关规定办理，而民事诉讼法、行政诉讼法规定的证据保全措施是采取由当事人向法院申请的方式进行的，因此，检察机关在此方面并没有特别的权力，与当事人无异。其三，在庭审过程中，检察机关与作为原告的当事人并无多大区别，检察机关宣读起诉状、举证质证、发表辩论意见等。其四，当检察机关对法院的裁定、判决不服时，使用的是向上一级法院"上诉"，而不是在诉讼监督中"抗诉"。此外，即使是案件受理方面，也采取的是"登记立案"，与原告的起诉并无二致。因此，行政公益诉讼制度并不是法律监督职能的简单派生，甚至不是法律监督权的一种类型，所谓的"公益诉讼并不是法律监督职能之外的新职能，而是由法律监督职能作用派生的，其实质仍然是法律监督"〔1〕的观点，以及"行政公益诉讼本质上并非只是公共利益救济机制，更是法律秩序的修复与整合机制"，并将其"与立法机关的法律实施监督功能联系起来"〔2〕的观点，显然是解释不通的。值得注意的是，理论界和实务界对检察机关法律监督职能的使用范围过于泛化，似乎检察机关参加的所有活动都是其法律监督职能的体现，这不利于检察职能的实现。因此，尽管在宪法上检察机关是法律监督机关，但在行政公益诉讼中，检察机关并不是以法律监督机关的身份出现的，或主要不是以法律监督机关身份出现的，这与其在诉讼监督中的法律地位是不同的。至于通过诉讼发现一些问题，然后行使法律监督功能，进一步加强监督，那是另一个层面的事情，不能将之一同归入行政公益诉讼制度之中。

可见，一种制度存在的前提是其独特性，而不是与其他制度的相同或相似性，更不是可以被其他制度替代。行政公益诉讼是否能够继续存在下去，是否可以良性发展和不断得到完善，与是否能继续保持其独特性紧密相关。一种治理模式只能首先关注自身的完善，而不能企求它太多，正如法官只能就案件来判案件，而不能指望法官既当裁判者又当政治家一样，如果那样，从个案看是可以的，但从整体上或从长期看，是得不偿失的。行政公益诉讼就是行政公益诉讼，可以改造和完善，但绝不能偏离其航向。

---

〔1〕 胡卫列："国家治理视野下的公益诉讼检察制度"，载《国家检察官学院学报》2020年第2期，第7页。

〔2〕 刘艺："论国家治理体系下的检察公益诉讼"，载《中国法学》2020年第2期，第158页。

(二) 不能指望检察机关在公共利益维护方面包打天下

强调行政公益诉讼制度自身的特点,并非说行政公益诉讼就可以独善其身而不顾及其他相关制度特点和与其他制度的配合问题。实际上,任何一种制度要很好地发挥作用,都不能不顾及其他制度,行政公益诉讼制度也不例外,关键是如何配合与协同的问题。

1. 维护公益并非行政公益诉讼的独家秘籍

由于公益"是一个特定社会群体存在和发展所必需的,该社会群体中不确定的个人都可以享有的社会价值",[1]保护国家利益或社会公共利益并非行政公益诉讼制度一家的功能和目的,实际上还有其他机关甚至一些社会组织也具有保护公共利益的职能。例如,公益性是行政权的基本属性和品格,行政权的行使是以公共利益的实现和保护为目标的,行政机关本身就有维护公共利益的天然职责,比如,对环境保护、食品药品的安全、国有资产稳定增值等。一些公共机构也具有维护公共利益的职责,例如,各类公立医院等。在这种情况下,在公益保护方面,还涉及相关机关的分工问题。

而且,即使是行政公益诉讼在保护公益方面,也不是检察机关一家就可以做到的事情,更需要其他机关的协助,比如,要求行政机关履行法定职责,最终是由行政机关加以履行的,而不是检察机关越俎代庖的。"实现公益诉讼的目的并不是检察机关或相关社会组织起诉就能达成的,不论检察机关提起公益诉讼还是法律规定的社会组织提起公益诉讼,都需要政府有

---

[1] 麻宝斌:"公共利益与政府职能",载《公共管理学报》2004年第1期,第86。

关部门、相关单位和群众的配合支持,才能完成证据收集、损害鉴定、专业咨询等工作,从而达到诉讼的目的",[1]如何与其他机关做好协同工作,这也是行政公益诉讼制度完善时必须充分考虑的事情,尤其不能对其他机关或组织的公益保护职能视而不见。

2. 行政公益诉讼在维护公益方面具有有限性

对公益的保护,不仅在主体方面,呈现多元色彩,并非检察机关一家独揽,而且行政公益诉讼制度在公益保护方面还存在一定的有限性。其有限性主要体现在以下方面:

首先,在案件范围方面。行政公益诉讼的案件范围往往是一些重要领域,而不是面面俱到。目前,行政诉讼法对行政公益诉讼范围限定于四个方面,即"生态环境和资源保护、食品药品安全、国有财产保护、国有土地使用权出让"领域,尽管学者们在探讨是"等内"还是"等外"时,都倾向于"等外"的解释,但毕竟不是立法解释,只是学理解释,并没有法律约束力,其实,细想起来,如果是"等外"解释的话,行政诉讼法就没有必要列举出具体范围了,直接采取概括式的方式进行表述即可。而且从实践情况看,有许多法律、法规甚至文件,对行政公益诉讼的范围作出不断扩展,显示出行政公益诉讼案件范围成熟一个、增加一个的特征。例如,2017年9月,国务院的《关于完善进出口商品质量安全风险预警和快速反应监管体系切实保护消费者权益的意见》,将进出口商品质量安全列入公益诉讼案件范围;2018年的《英雄烈士保护法》,将侵犯

---

〔1〕 贾小煜:"健全公益诉讼制度推进国家治理现代化",载《中国党政干部论坛》2020年第2期,第56页。

英雄烈士姓名、肖像、名誉、荣誉等，列入公益诉讼范围，等等。但无论如何扩大，行政公益诉讼的范围总是有限的，不可能无限制地扩大，而且鉴于不同机关的分工，检察机关不可能包打天下，没有精力也没有能力对所有领域的公益进行保护，也不可能对行政机关所有的违法或不作为行为提起公益诉讼，其他领域的公益还需要相应机关采取不同的手段和方式加以保护。

其次，在保护方式方面。行政公益诉讼对公共利益的保护只能是诉讼方式。如果将诉前程序的检察建议也算上，那么，检察机关在保护公益方式方面，就有提起诉讼和检察建议两种手段。与其他机关例如行政机关相比，后者对公益的保护手段更为丰富，包括行政强制、行政处罚、行政许可等许多行政行为，在这方面，检察机关的保护手段就显得非常有限。而且，检察机关只能通过提起诉讼的手段并通过法院的裁定或判决来促使行政机关履行法定职责，起到的作用只是督促，是一种间接保护的功能，而不能越俎代庖，不能越过行政权而直接去执法。这种有限的保护方式就要求，检察机关在保护公益时，行政公益诉讼制度必须与其他相关制度相衔接，必须通过一定方式促使其他机关履行法定职责，来达到对公益的最终保护。行政公益诉讼保护公益的效果如何，不仅需要行政公益诉讼制度本身的完善，也要有赖于其他相关制度的建立健全，而不是说，有了行政公益诉讼，就完全达到了公益保护目的。因为无论是理论逻辑还是实践语境，行政公益诉讼都并非万能而包治百病。[1]

---

〔1〕 颜运秋、张金波、李明耀："环境行政公益诉讼的逻辑和归位"，载《环境保护》2015年第3期，第43页。

3. 要正确理解行政公益诉讼中检察机关与其他机关的协同

当然,强调行政公益诉讼中检察机关与其他机关的协同并无不妥,但关键是如何协同的问题。

首先,相互协同不是相互混同。不同国家机关具有不同性质、法律地位以及差异化的工作程序,即使都具有公益保护职责,在公益保护方式上也各不相同,都有各自独特的无可替代的保护方式。要在各司其职、各自功能得到充分发挥的前提下,才有相互协同问题;即使是相互协同,也不是相互的混同;必须充分发挥不同国家机关的作用,而不是一味对某个国家机关迁就。[1]

其次,相互协同是就制度设计本身而言的。在国家治理体系中,各个制度是相对独立的,而制度间的协同主要是在制度设计阶段进行的,设计者在设计行政公益诉讼制度时,要把该制度放在国家治理体系与治理能力现代化背景下进行考虑,充分考虑其他机关在公益保护方面的职责,要处理好与其他公益保护者的关系。而制度设计一旦形成,就不能要求制度的执行者通过改变制度本身而且迎合其他制度。

三、构建适合行政公益诉讼合理定位的法律制度

既要保持行政公益诉讼制度作为诉讼制度的固有特点,使之不至于在强调配合协调中失去本真,又要确保行政公益诉

---

[1] 现实中,一些地方的检察机关在提起公益诉讼时,并不限于解决争议,还通过向上(立法机关)、向下(各级政府及其职能部门)以及横向(公民、社会组织、审判机关),多个层面与相关个人或者机构就相关事务进行沟通协调,深度融入立法、行政、司法治理过程中,审查各主体履行法律的状况,督促各主体主动纠正错误,弥补或者减轻公益损害,发挥持续可靠的治理效应。参见刘艺:"论国家治理体系下的检察公益诉讼",载《中国法学》2020年第2期,第164页。

制度与其他相关制度间的协同，防止使行政公益诉讼陷入孤军奋战状态，而通过加强行政公益诉讼制度的完善至关重要，以实现行政公益诉讼制度科学定位所体现出来的价值要求。

(一) 提起主体的多元化

只有检察机关才能提起？现在看来，单指望公益诉讼的"国家队"[1]效果并不佳，至少可以说没有达到预期的效果。既然维护公共利益的主体并不是检察机关一家，那么在公共利益维护方面，尤其是提起主体方面，就应当具有多元化色彩，检察机关不能包揽一切，也不能搞单打独斗。检察机关虽然有提起公益诉讼的强大优势，比如检察机关拥有专业的办案人员、丰富的办案资源等，但也存在着缺乏动力的问题。在行政公益诉讼制度建立之初，出于在自侦权剥离后争取更大业务领域的需要，检察机关具有很大的积极性，主动寻找案源，并不断提高案件办理质量，然而，随着该制度的进一步推行，积极性也有所减少，突出体现在许多检察机关往往依赖于群众举报线索，而很少主动去发现案件，不仅案件数量不多，而且办案质量也远不如以前。

提起的多元化，才是保护公益的最佳方案，而由检察机关一家独断的做法只能是权宜之策。众所周知，保护私益是一种本能，无需鼓励，只要环境宽松，谁都会为了自己利益提起诉讼。但公益就不一样了，正如亚里士多德所言，"无论何物，只要它属于最大多数的人共有，它所受到的照料也就最少"，这也是行政公益诉讼制度实施以来，平均案件数量并不多的重

---

[1] 参见陈菲、白阳："公益诉讼迎来最强'国家队'"，载 https://www.sohu.com/a/21450723_124609，最后访问日期：2020年9月16日。

要原因。[1]对此,不应当限制其他能够保护公益的主体,相反,应当鼓励更多的主体参与其中,赋予更多的主体提起行政公益诉讼的资格。

因此,在提起主体方面,不仅检察机关可以提起,具有公益性的组织也可以提起,甚至普通公民也可以提起行政公益诉讼。当下,在谈到公益利益保护的公众参与时,大家往往只希望公众能够提供更多的线索,至多只是建立完善公益诉讼线索的提供或举报制度,[2]却很少关注让更多的人具有提起行政公益诉讼的主体资格。实际上,有提起公益诉讼的资格,才是公众参与公益保护的最佳手段。公共利益是广大人民群众的利益,公益诉讼的目的最终也是保护人民群众的利益。对人民群众的利益的保护,不能光满足于让人民群众举报或提供案件线索,而是要人民群众实实在在地广泛地参与到案件中来。而让公众可以提起行政公益诉讼或在提起私益诉讼的同时提起公益诉讼,让更多的案件进入司法视野,"公众有序参与司法是对新时代司法环境变化的回应,对检察公益诉讼治理效能的发挥具有积极意义"。[3]但为了防止公民提起行政公益诉讼的泛化问题,建议可以采取10人以上联名提起的方式,以减少提起

---

[1] 目前,从总的数量上看,检察机关办理公益诉讼的案件似乎不少,比如2017年7月至2021年8月,全国检察机关公立案办理公益诉讼案件数量为506 634件,其中,民事公益诉讼案件37 673件,行政公益诉讼案件468 961件。但如果进行平均计算,以行政公益诉讼案件为例,平均每月全国才9571件,而全国2844个县级行政区平均才3件。

[2] 12309检察服务热线公开征集公民、社会组织向检察机关举报的公益损害和行政违法行为为线索。

[3] 易小斌:"检察公益诉讼参与国家治理的实践面向",载《国家检察官学院学报》2020年第6期,第56页。

的盲目性及降低资源浪费问题。需要说明的是,在其他主体提出行政公益诉讼时,检察机关应当给予支持和帮助,甚至派员出庭支持等;如果检察机关与其他相关主体对同一行政违法行为都提出行政公益诉讼,那应当以其他主体为主,检察机关派员出庭支持即可,但对于一些重大案件,则由检察机关作为起诉主体更为适宜。

多主体提起行政公益诉讼,解决了检察机关案多人少的问题,减轻了检察机关的工作负担,也从制度上消解了检察机关作为公益维护主要主体的各种误解以及由此产生的与行政机关相对立的问题。

(二) 将诉前程序从行政公益诉讼制度中分离出去

诉前程序是否保留?对此,许多人不但认为要保留,而且要进一步加强,因为诉前程序在实践中确实起到了高效解决案件的作用。[1]这里要表述的是,到底还叫不叫诉前程序,以及该程序的内容应当包括哪些?

诉前程序作为公益诉讼制度的一个重要创新,也有较为丰富的内容。按照相关司法解释,在民事诉讼中,由检察机关以公告的形式向相关机关或组织征集起诉人;在行政公益诉讼诉前程序中,检察机关先向相关行政机关提出检察建议,要求行政机关在规定时间内回复。后来发现这种程序还不够,效果也不佳,行政公益诉讼的诉前程序中又延伸出广泛协商、广泛沟通,甚至与行政机关坐下来开圆桌会议、联合执法的现象,更有甚至,有些地方在原来诉前程序的基础上,增加了许多不属

---

[1] 在案件解决率方面,诉前程序由开始的3/4,逐步提高到现在的95%左右,诉前程序已经发挥了主要作用。

于诉讼的内容，也极易冲淡行政公益诉讼制度本身所具有的特点。试问，这还是原来意义上的诉前程序吗？

因此，关于诉前程序是不是行政公益诉讼制度的一部分，值得探讨，尤其是在当下诉前程序中被加进了越来越多不属于诉讼性质的内容时，这个问题更值得省思。确实，在我国的行政公益诉讼制度中，诉前程序发挥了越来越重要的作用，95%的案件都是在诉前程序解决的，由此，诉前程序受到了热捧。但效果好并不一定就必须加到诉讼程序中。笔者曾设想过对诉前程序进行适度司法化改造的问题，主张在诉前程序中引入对审听证程序，由案件调查人员作为一方，行政机关作为另一方，而没有介入案件调查的检察机关内部部门作为主持人，对案件事实进行听证，采取双方举证质证的方式来查清案件事实。[1]其实，这种听证方式本身与诉讼程序是格格不入的，而且也增加了不必要的负担，为此，对诉前程序何去何从的问题，需要进行反思并重新定位。

其实，可以保留诉前程序中所应当做的工作，但不必使用诉前程序的名称，在继续发挥其积极作用的同时，又不冲淡行政公益诉讼制度的特点和内容。为此，可将目前的诉前程序从行政公益诉讼制度中分离出去，将诉前程序改为提起公益诉讼的前置条件，修改为诉讼前的用尽救济程序，即用尽协商、沟通而行政机关仍不作为或作为不彻底的起诉条件，就类似于行政赔偿诉讼，要先向行政机关提出赔偿请求，而在行政机关不予赔偿或赔偿没有达到要求时，才可以提起行政赔偿诉讼，但

---

[1] 参见王春业：“论行政公益诉讼诉前程序的改革——以适度司法化为导向”，载《当代法学》2020年第1期，第96页。

向行政机关提出赔偿请求的程序并不算在行政赔偿诉讼程序之中。也就是说,检察机关在提起公益诉讼之前,可以采取但不限于以上方式与行政机关一起设法解决问题,即用尽救济原则,或正式提起公益诉讼的条件已经成熟。这样,就不再限于上述手段,只要有利于解决问题,检察机关都可以使用,也避免当下在诉前程序中增加过多内容而影响公益诉讼作为诉讼制度的规范性和完整性。只要行政机关的改变没有得到提起人的满意,都可以向法院提起行政公益诉讼。对于其他主体作为行政公益诉讼主体提起的,同样要适用诉前用尽救济原则,必须先向行政机关提出纠正违法行为或积极履行法定义务的申请,在行政机关不履行的情况下,才可以提起行政公益诉讼。总之,该诉前程序作为诉讼前用尽救济的前置环节,即先向行政机关提出,不理睬或不改正或改正没有达到满意的,才可以提起行政公益诉讼。

(三) 完善行政公益诉讼程序中的相关内容

行政公益诉讼制度既然要保持其诉讼的基本特点,就必须对其诉讼中的相关内容进行进一步明确和完善。

1. 完善公共利益冲突的司法协调制度

做好对公共利益冲突的司法衡量和协调问题,实际上是对不同主体在公益保护方面的协调,避免出现只有行政公益诉讼提起主体者所主张的公共利益才算公共利益而行政机关似乎就是公共利益的对立面的现象。尽管对公共利益当下难以作出明确的界定,但这并不妨碍在公共利益冲突时进行衡量与协调。

在理论上,公共利益是一个总的概念,"公共利益是独立于个人利益之外的一种特殊利益。公共利益具有整体性和普遍性两大特点。换言之,公共利益在总体上是整体的而不是局部的利益，在内容上是普遍的而非特殊的利益"，[1]但在实际过程中，由于利益主体的多元化，公共利益的主体与内容也呈现多元化色彩，而不同的公共利益还会存在一定的冲突。例如，为了充分开发利用土地资源的公共目的性，而与文物保护产生了矛盾；对资源的利用与对环境的保护往往存在一定的张力等，"社会公共利益冲突反映的是出于多元价值取向的不同类型社会公共利益之间的关系，也是社会共同体中处于不同发展阶段的各个局部之间不同利益诉求的冲突"。[2]在这种情况下，如何协调不同的公共利益，如何防止维护某一公共利益而侵害另一个公共利益的情形，就成为行政公益诉讼中必须考虑的问题。

首先，在平衡不同公共利益冲突问题上，作为司法裁判者的法院应当承担主要职责。无论提起行政公益诉讼的主体是谁，提起主体与行政机关都是当事人，处于两造对抗地位，而法院是居中裁判者，为此，法院必须自己承担不同公共利益衡量和协调的角色，即使是检察机关提起的诉讼，也不能倾向于检察机关。其次，调解方式可能是协调公共利益冲突的最佳方式。在处理不同公共利益冲突所应当遵循的原则方面，有学者提出"长期利益优先于短期利益、全局利益优先于局部利益、救济难度高的利益优先于救济便利的利益"[3]的原则。这种方

---

[1] [美]卡尔·J.弗里德里希：《超验正义——宪政的宗教之维》，周勇、王丽芝译，生活·读书·新知三联书店1997年版，第99页。

[2] 张剑文："公益诉讼中的社会公共利益冲突及其司法衡量"，载《中国检察官》2017年第18期，第5页。

[3] 张剑文："公益诉讼中的社会公共利益冲突及其司法衡量"，载《中国检察官》2017年第18期，第3页。

案虽然好，但仍过于抽象，在具体审判实践中难以把握。为此，在此基础上，法院可以对检察机关与行政机关之间就某些冲突进行调解，调解的基本方向是：在保护长远利益、全局利益和救济难度高的利益的同时，也要给短期利益、局部利益和救济便利的利益以一定的生存空间，而不是作出非此即彼的处理。比如，某生态移民村在政府鼓励下大力发展养殖业，因养殖规模过大而造成环境污染，由此，该项政府的公共福利事业与环境保护的公共利益之间产生了冲突，对此，就可采取各让一步的做法，即适当减少养殖规模或在养殖过程中采取其他可以减少对环境污染程度的方式，在保护环境公共利益的同时，也为该特殊群体的公共福利项目留有空间。显然，如何把握好调解的度，可能是处理公共利益冲突问题的关键。

2. 对行政不作为认定标准进行明确

行政公益诉讼所针对的行政行为有违法行使职权和不作为两种情形，对于前者，易于判断，也可以采取举证的方式进行确认，而对于后者，一直是个难题，而且行政公益诉讼中所面对的恰恰是不作为案件占大多数，因此，如何对不作为行为进行科学认定，成了行政公益诉讼制度完善的重要方面。

从理论上讲，行政不作为是指行政机关具有法律上明确规定的职责而不积极履行的行为，是以法律规定为前提的。但行政公益诉讼实践中，对于行政机关是否作为，却常常是个有争议的问题。经常出现行政机关认为自己已经履行了法定职责而检察机关却认为行政机关没有履行，或履行不充分，由此出现争议；而且各地司法机关在认定行政机关不作为的标准方面也大相径庭，出现了类案不同判的问题。

对行政不作为的认定标准，除了看是否具有必须作为的义务[1]外，还可从以下方面加以判断：首先，是否具有履行的可能性。有时，虽然在法律上应当充分履行，但也要考虑到履行的现实可行性，比如，对于一个财政非常困难的部门而言，让其充分履行某一环境生态修复的职责，可能性非常小，在这种情况下，只要该部门积极履行，尽力履行，就不能因为其履行得不充分而认定其不作为。其次，要对不作为情形进行科学分类并明确不同的认定标准。比如，在环保领域，不能只是看短期内是否彻底消除了污染，而是要看行政机关对污染源是否及时处理、是否对污染企业持续跟踪监管，应当允许有一个治理的过程；在国有土地使用权出让领域，要看行政机关是否已经追缴了国有土地受让方欠缴的出让金，对已经违规办理的土地使用权证是否按规定进行了注销并收回了国有土地等；在非法改变土地用途领域，要看行政机关对涉案人员是否严肃处理并开始着力恢复土地原状等。[2]为此，要不断总结司法实践经验，对不同类型案件的行政不作为明确不同的认定标准。

3. 进一步拓展行政公益诉讼的类型

我国将公益诉讼分为行政公益诉讼与民事公益诉讼，虽然两者适用不同的诉讼程序，但实际上，在本质上两者都是为了维护公共利益，只不过行政公益诉讼还强调对国家利益的维护以及检察机关作为提起主体的唯一性而已。特别值得注意的是，现实中，民事公益诉讼所针对的侵害社会公共利益的情

---

[1] 这个义务既可能是因法律法规规章等法律规范的规定而产生，也可能是因具体行政行为而产生，有时还有可能是其他原因产生的。

[2] 参见何湘萍："论行政公益诉讼诉前程序的完善"，载刘艳红主编：《东南法学》（总第13辑），东南大学出版社2018年版，第108~109页。

第九章 制度合理定位的再思考

形,也往往与相关行政机关不作为有关,也可以转化为行政公益诉讼,因此,在具体操作过程中,也不一定非要分清属于哪一种公益诉讼类型,甚至有时可以采取混合的方式来提起公益诉讼,还可以将行政公益诉讼与民事公益诉讼合并审理。与此同时,要不断拓展公益诉讼类型,比如,行政附带民事公益诉讼、[1]刑事附带行政公益诉讼、刑事附带民事公益诉讼等。特别是要始终围绕诉讼的特点,进一步拓展公益诉讼类型,以行政公益诉讼制度为主线,并逐步将其他公益保护的内容纳入其中。

---

〔1〕 在公益诉讼试点期间,吉林省和安徽省分别办理了行政公益诉讼附带民事公益诉讼案件,其中"吉林省白山检察院诉白山卫生和计划生育局及江源区中医院行政附带民事公益诉讼案"更为典型。

附录

最高人民法院、最高人民检察院《关于检察公益诉讼案件适用法律若干问题的解释》（2020年修正）

（2018年2月23日最高人民法院审判委员会第1734次会议、2018年2月11日最高人民检察院第十二届检察委员会第73次会议通过，根据2020年12月23日最高人民法院审判委员会第1823次会议、2020年12月28日最高人民检察院第十三届检察委员会第58次会议修正）

一、一般规定

第一条 为正确适用《中华人民共和国民法典》《中华人民共和国民事诉讼法》《中华人民共和国行政诉讼法》关于人民检察院提起公益诉讼制度的规定，结合审判、检察工作实际，制定本解释。

第二条 人民法院、人民检察院办理公益诉讼案件主要任务是充分发挥司法审判、法律监督职能作用，维护宪法法律权威，维护社会公平正义，维护国家利益和社会公共利益，督促适格主体依法行使公益诉权，促进依法行政、严格执法。

第三条 人民法院、人民检察院办理公益诉讼案件，应当

附　录　最高人民法院、最高人民检察院《关于检察公益诉讼案件适用法律若干问题的解释》（2020年修正）

遵守宪法法律规定，遵循诉讼制度的原则，遵循审判权、检察权运行规律。

第四条　人民检察院以公益诉讼起诉人身份提起公益诉讼，依照民事诉讼法、行政诉讼法享有相应的诉讼权利，履行相应的诉讼义务，但法律、司法解释另有规定的除外。

第五条　市（分、州）人民检察院提起的第一审民事公益诉讼案件，由侵权行为地或者被告住所地中级人民法院管辖。

基层人民检察院提起的第一审行政公益诉讼案件，由被诉行政机关所在地基层人民法院管辖。

第六条　人民检察院办理公益诉讼案件，可以向有关行政机关以及其他组织、公民调查收集证据材料；有关行政机关以及其他组织、公民应当配合；需要采取证据保全措施的，依照民事诉讼法、行政诉讼法相关规定办理。

第七条　人民法院审理人民检察院提起的第一审公益诉讼案件，适用人民陪审制。

第八条　人民法院开庭审理人民检察院提起的公益诉讼案件，应当在开庭三日前向人民检察院送达出庭通知书。

人民检察院应当派员出庭，并应当自收到人民法院出庭通知书之日起三日内向人民法院提交派员出庭通知书。派员出庭通知书应当写明出庭人员的姓名、法律职务以及出庭履行的具体职责。

第九条　出庭检察人员履行以下职责：

（一）宣读公益诉讼起诉书；

（二）对人民检察院调查收集的证据予以出示和说明，对相关证据进行质证；

（三）参加法庭调查，进行辩论并发表意见；

（四）依法从事其他诉讼活动。

第十条　人民检察院不服人民法院第一审判决、裁定的，可以向上一级人民法院提起上诉。

第十一条　人民法院审理第二审案件，由提起公益诉讼的人民检察院派员出庭，上一级人民检察院也可以派员参加。

第十二条　人民检察院提起公益诉讼案件判决、裁定发生法律效力，被告不履行的，人民法院应当移送执行。

二、民事公益诉讼

第十三条　人民检察院在履行职责中发现破坏生态环境和资源保护，食品药品安全领域侵害众多消费者合法权益，侵害英雄烈士等的姓名、肖像、名誉、荣誉等损害社会公共利益的行为，拟提起公益诉讼的，应当依法公告，公告期间为三十日。

公告期满，法律规定的机关和有关组织、英雄烈士等的近亲属不提起诉讼的，人民检察院可以向人民法院提起诉讼。

人民检察院办理侵害英雄烈士等的姓名、肖像、名誉、荣誉的民事公益诉讼案件，也可以直接征询英雄烈士等的近亲属的意见。

第十四条　人民检察院提起民事公益诉讼应当提交下列材料：

（一）民事公益诉讼起诉书，并按照被告人数提出副本；

（二）被告的行为已经损害社会公共利益的初步证明材料；

（三）已经履行公告程序、征询英雄烈士等的近亲属意见的证明材料。

第十五条　人民检察院依据民事诉讼法第五十五条第二款

附　录　最高人民法院、最高人民检察院《关于检察公益诉讼案件适用法律若干问题的解释》（2020年修正）

的规定提起民事公益诉讼，符合民事诉讼法第一百一十九条第二项、第三项、第四项及本解释规定的起诉条件的，人民法院应当登记立案。

第十六条　人民检察院提起的民事公益诉讼案件中，被告以反诉方式提出诉讼请求的，人民法院不予受理。

第十七条　人民法院受理人民检察院提起的民事公益诉讼案件后，应当在立案之日起五日内将起诉书副本送达被告。

人民检察院已履行诉前公告程序的，人民法院立案后不再进行公告。

第十八条　人民法院认为人民检察院提出的诉讼请求不足以保护社会公共利益的，可以向其释明变更或者增加停止侵害、恢复原状等诉讼请求。

第十九条　民事公益诉讼案件审理过程中，人民检察院诉讼请求全部实现而撤回起诉的，人民法院应予准许。

第二十条　人民检察院对破坏生态环境和资源保护，食品药品安全领域侵害众多消费者合法权益，侵害英雄烈士等的姓名、肖像、名誉、荣誉等损害社会公共利益的犯罪行为提起刑事公诉时，可以向人民法院一并提起附带民事公益诉讼，由人民法院同一审判组织审理。

人民检察院提起的刑事附带民事公益诉讼案件由审理刑事案件的人民法院管辖。

三、行政公益诉讼

第二十一条　人民检察院在履行职责中发现生态环境和资源保护、食品药品安全、国有财产保护、国有土地使用权出让等领域负有监督管理职责的行政机关违法行使职权或者不作为，致使国家利益或者社会公共利益受到侵害的，应当向行政机关提出检察建议，督促其依法履行职责。

行政机关应当在收到检察建议书之日起两个月内依法履行职责，并书面回复人民检察院。出现国家利益或者社会公共利益损害继续扩大等紧急情形的，行政机关应当在十五日内书面回复。

行政机关不依法履行职责的，人民检察院依法向人民法院提起诉讼。

第二十二条　人民检察院提起行政公益诉讼应当提交下列材料：

（一）行政公益诉讼起诉书，并按照被告人数提出副本；

（二）被告违法行使职权或者不作为，致使国家利益或者社会公共利益受到侵害的证明材料；

（三）已经履行诉前程序，行政机关仍不依法履行职责或者纠正违法行为的证明材料。

第二十三条　人民检察院依据行政诉讼法第二十五条第四款的规定提起行政公益诉讼，符合行政诉讼法第四十九条第二项、第三项、第四项及本解释规定的起诉条件的，人民法院应当登记立案。

第二十四条　在行政公益诉讼案件审理过程中，被告纠正违法行为或者依法履行职责而使人民检察院的诉讼请求全部实现，人民检察院撤回起诉的，人民法院应当裁定准许；人民检察院变更诉讼请求，请求确认原行政行为违法的，人民法院应当判决确认违法。

第二十五条　人民法院区分下列情形作出行政公益诉讼判决：

附　录　最高人民法院、最高人民检察院《关于检察公益诉讼案件适用法律若干问题的解释》（2020 年修正）

（一）被诉行政行为具有行政诉讼法第七十四条、第七十五条规定情形之一的，判决确认违法或者确认无效，并可以同时判决责令行政机关采取补救措施；

（二）被诉行政行为具有行政诉讼法第七十条规定情形之一的，判决撤销或者部分撤销，并可以判决被诉行政机关重新作出行政行为；

（三）被诉行政机关不履行法定职责的，判决在一定期限内履行；

（四）被诉行政机关作出的行政处罚明显不当，或者其他行政行为涉及对款额的确定、认定确有错误的，可以判决予以变更；

（五）被诉行政行为证据确凿，适用法律、法规正确，符合法定程序，未超越职权，未滥用职权，无明显不当，或者人民检察院诉请被诉行政机关履行法定职责理由不成立的，判决驳回诉讼请求。

人民法院可以将判决结果告知被诉行政机关所属的人民政府或者其他相关的职能部门。

四、附则

第二十六条　本解释未规定的其他事项，适用民事诉讼法、行政诉讼法以及相关司法解释的规定。

第二十七条　本解释自 2018 年 3 月 2 日起施行。

最高人民法院、最高人民检察院之前发布的司法解释和规范性文件与本解释不一致的，以本解释为准。